Nicolas Mathieu

Le basket amateur et la professionnalisation de ses clubs

Nicolas Mathieu

Le basket amateur et la professionnalisation de ses clubs

Les obstacles à la professionnalisation d'un club de basket-ball amateur en Ile-de-France

Presses Académiques Francophones

Impressum / Mentions légales
Bibliografische Information der Deutschen Nationalbibliothek: Die Deutsche Nationalbibliothek verzeichnet diese Publikation in der Deutschen Nationalbibliografie; detaillierte bibliografische Daten sind im Internet über http://dnb.d-nb.de abrufbar.
Alle in diesem Buch genannten Marken und Produktnamen unterliegen warenzeichen-, marken- oder patentrechtlichem Schutz bzw. sind Warenzeichen oder eingetragene Warenzeichen der jeweiligen Inhaber. Die Wiedergabe von Marken, Produktnamen, Gebrauchsnamen, Handelsnamen, Warenbezeichnungen u.s.w. in diesem Werk berechtigt auch ohne besondere Kennzeichnung nicht zu der Annahme, dass solche Namen im Sinne der Warenzeichen- und Markenschutzgesetzgebung als frei zu betrachten wären und daher von jedermann benutzt werden dürften.

Information bibliographique publiée par la Deutsche Nationalbibliothek: La Deutsche Nationalbibliothek inscrit cette publication à la Deutsche Nationalbibliografie; des données bibliographiques détaillées sont disponibles sur internet à l'adresse http://dnb.d-nb.de.
Toutes marques et noms de produits mentionnés dans ce livre demeurent sous la protection des marques, des marques déposées et des brevets, et sont des marques ou des marques déposées de leurs détenteurs respectifs. L'utilisation des marques, noms de produits, noms communs, noms commerciaux, descriptions de produits, etc, même sans qu'ils soient mentionnés de façon particulière dans ce livre ne signifie en aucune façon que ces noms peuvent être utilisés sans restriction à l'égard de la législation pour la protection des marques et des marques déposées et pourraient donc être utilisés par quiconque.

Coverbild / Photo de couverture: www.ingimage.com

Verlag / Editeur:
Presses Académiques Francophones
ist ein Imprint der / est une marque déposée de
OmniScriptum GmbH & Co. KG
Heinrich-Böcking-Str. 6-8, 66121 Saarbrücken, Deutschland / Allemagne
Email: info@presses-academiques.com

Herstellung: siehe letzte Seite /
Impression: voir la dernière page
ISBN: 978-3-8381-7156-2

Copyright / Droit d'auteur © 2014 OmniScriptum GmbH & Co. KG
Alle Rechte vorbehalten. / Tous droits réservés. Saarbrücken 2014

Le basket amateur et la professionnalisation de ses clubs

Les obstacles à la professionnalisation d'un club de basket-ball amateur en Ile-de-France

Remerciements

Je tiens à remercier l'ensemble des personnes qui ont rendu ce travail plus complet, en particulier Christophe DUCROTOY, Frédéric JUGNET, Fabien HOEPPE, Lucie PICAUD ainsi qu'à ma directrice de mémoire, Vérène CHEVALIER, pour son aide avant et pendant la construction de ce mémoire.

Sommaire

Sommaire	**page 3**
Introduction	**page 4**
1. Contexte	**page 7**
1.1 Historique du basket-ball	page 7
1.2 L'historique du basket-ball en France	page 8
1.3 L'évolution des clubs de basket-ball depuis 1985	page 10
2. Le processus de la professionnalisation d'un club de basket-ball amateur	**page 12**
2.1. Définitions	page 12
2.2. Les causes de la professionnalisation	page 13
2.3. La comparaison avec les autres sports collectifs	page 15
2.4. Les quatre dimensions de la professionnalisation d'un club amateur	page 17
3. Les obstacles à la professionnalisation d'un club de Basket-ball amateur	**page 27**
3.1 L'éthique associative	page 27
3.2 L'amateurisme « marron »	page 32
3.3 Le rôle majeur des subventions et des collectivités territoriales	page 33
3.4 Les obstacles spécifiques aux associations sportives franciliennes	page 35
Conclusion	**page 40**
Table des matières	**page 42**
Bibliographie	**page 43**

Introduction

Dans le cadre de mes activités de président au sein de l'association sportive Le Mée Sports basket-ball, j'ai pu observer le fonctionnement d'un club francilien accédant au plus haut niveau amateur masculin, la Nationale Masculine 2 (4ᵉ échelon national).

En 2007/08, le club de basket de la ville de Le Mée sur Seine (18.000 habitants) est un représentant majeur de son département. C'est l'équipe évoluant au plus haut niveau (Meaux, Coulommiers et Marne la Vallée évoluent en Nationale Masculine 3) et la cinquième au niveau du nombre de licenciés (198) derrière Marne la Vallée (343), Val d'Europe (299), Meaux (250) et Sénart (235).[1]

Dès mon arrivée au club en 2004 et les premières réunions, j'ai pu constaté que le club était encore loin d'avoir une structure organisationnelle en corrélation avec le niveau sportif du club. A la décharge du club et de ses anciens dirigeants, l'équipe fanion du niveau régional au 4ᵉ échelon national avec 4 montées en 4 saisons.

Il a fallu identifier les étapes restantes à franchir vers une forme de professionnalisation du club et de ses structures. Sous l'égide de l'ancien président, qui était aussi l'entraîneur de l'équipe première, les progrès sur le plan sportif ont été spectaculaires. A l'arrêt du président, qui était la plaque tournante du club, la question de la structuration du club fut le thème central de mes quatre ans d'exercice. Pérenniser le niveau sportif tout en faisant croitre les structures du club. Lors de mon intégration en Licence STAPS option Management du Sport, le choix du mémoire fut donc un compromis entre ma vie associative et mes objectifs universitaires.

Au départ ma problématique était *Quelles sont les étapes pour amener un club vers le professionnalisme ?* Mais l'utilisation du terme *professionnalisme* posait un problème de définition puisqu'il n'incluait finalement que le statut des joueurs et le niveau sportif du club. J'ai donc transformé ma question en *Quelles sont les étapes vers la professionnalisation ?* Les différents échanges avec ma tutrice et mes premières lectures m'ont amener à modifié la question en ajoutant la notion de club amateur. Il ne s'agit pas pour moi d'étudier les moyens de modifier une structure professionnelle pour l'amener à plus d'efficacité. L'étude porte sur le cheminement d'une structure amateur souhaitant évoluer vers une professionnalisation de son organisation dans le but d'obtenir un meilleur rendement sportif et financier, dans le but de rationaliser son fonctionnement sportif et économique.

Ensuite il me paraissait important de réduire le champ d'étude au domaine du basket-ball. Reste à voir dans l'étude si les étapes ne sont pas les mêmes pour un club de football, de rugby ou de volley-ball.

---

[1] Source Fédération Française de Basket-Ball

Depuis le départ de l'ancien président, l'association, grâce aux efforts conjugués de la nouvelle équipe dirigeante, a d'ores et déjà évoluée vers une structure moins dépendante d'une seule et même personne mais elle s'est heurtée à des problèmes qui m'ont donné envie d'analyser la situation afin de trouver des solutions.

Avant de tenter de répondre à la problématique, il est important de définir les termes «club amateur» et « professionnalisation ». Selon Le Petit Robert, un amateur c'est « un homme ou une femme pratiquant un art, un sport sans en faire sa profession ». Et un club est une association ou les membres ont un intérêt commun (sport, politique, culture…). Un club amateur c'est donc une association ou les membres partagent un intérêt commun et où les hommes et les femmes qui la composent pratiquent un art ou un sport sans en faire leur profession.

« Professionnalisation », toujours selon Le Petit Robert c'est le processus vers l'exercice professionnel d'une activité. **C'est la voie vers le sérieux et la compétence dans une activité exercée** ». La professionnalisation d'une association sportive c'est donc la voie par laquelle on souhaite amener le club vers la compétence. Mais cette définition ne suffit pas. Le processus de professionnalisation ce n'est pas seulement la notion de sérieux ou de compétence. Denis BERNARDEAU-MOREAU parle de la professionnalisation comme « le processus visant à une élévation et à une spécialisation des compétences »[1]. Ce processus de professionnalisation est aussi la voie que doit emprunter un club amateur afin de se doter d'un environnement lui permettant l'amélioration des résultats sportifs et financiers. Il y a donc un caractère sportif mais aussi un caractère économique et juridique à travers la professionnalisation des organisations sportives. Et nous le verrons dans l'étude, la professionnalisation possède une quatrième dimension, une dimension institutionnelle.

Ce processus de professionnalisation touche l'ensemble des associations sportives qu'elle soit amateur ou professionnelle. Le processus est différent pour ces deux structures et c'est la raison pour laquelle j'ai souhaité définir dès le départ que le processus étudié vise les clubs amateurs. Le but étant de pouvoir livrer aux associations, les clés d'une professionnalisation réussie et une liste non exhaustive des pièges à éviter.

L'intérêt de ce type d'étude a vite été grandi par le fait qu'au fur et à mesure de mes recherches, j'ai pu constater que la professionnalisation des clubs amateurs n'est pas un phénomène qui s'arrête à la question de l'entrepreneurisation des associations sportives. La professionnalisation des associations sportives ce n'est pas seulement l'étude du processus d'officialisation de la rémunération des sportifs.

---

[1] BERNARDEAU MOREAU Denis, *Sociologie des fédérations sportives : la professionnalisation des dirigeants bénévoles*, L'Harmattan, Paris, 2004.

Pour pouvoir répondre aux différentes questions liées à ma problématique, j'ai tout d'abord souhaité savoir comment une association sportive peut se professionnaliser ? Pour ce faire j'ai étudié et lu divers entretien de Jean Donnadieu, président de la JSF Nanterre et de son fils Pascal, entraîneur de l'équipe professionnelle de la JSF Nanterre (en Pro B à l'époque de l'étude, ils ont été sacré Champion de France de Pro A en 2012/13).

Le club de Nanterre est une association sportive qui évoluait il y a peu en divisions régionales et tournant autour d'un homme fort (Pascal Donnadieu) pour devenir une équipe respectable de Pro B. Le niveau sportif a, dans ce cas, précédé le processus de structuration de l'association, le club est passé au stade professionnel sans pour autant s'être doté de structure organisationnelle de type professionnelle. La lecture des textes de Pascal CHANTELAT[1] m'ont permis de pouvoir définir le caractère multidimensionnel de la professionnalisation (organisationnel, sportive, économique et institutionnel), l'exemple de la JSF Nanterre est le prototype idéal de la réussite sportive, cependant au regard des dimensions non-sportives, il ne paraît pas être un cas d'étude adéquate.

Pour pouvoir continuer mon travail, je me suis ensuite posé la question de savoir ce qui poussait les organisations sportives à se professionnaliser. A travers de nombreux entretiens avec des clubs des divisions Nationale Masculine 2 & 3, j'ai essayé de trouver les raisons qui poussent les associations sportives, comme celle de Le Mée, à vouloir se professionnaliser. Ceci a amené d'autres questions : est-ce que l'association subit ce processus de professionnalisation ? L'Etat joue t-il un rôle ? L'association choisit elle librement de pouvoir rentrer dans ce processus ? Des questions auxquelles nous tenterons de répondre à travers des textes d'Emmanuel BAYLE et de Jean-Claude AUGUSTIN.

Le processus de professionnalisation tend à bouleverser les logiques traditionnelles de fonctionnement d'une association. Est ce que l'association, par sa professionnalisation, doit renier ses « valeurs » ? Ses « bénévoles » ? Le texte de Gildas LOIRAND[2] et les différentes rencontres avec les dirigeants des structures amateurs du basket-ball m'ont un peu plus éclairés sur le sujet.

Puis, est ce que le processus de professionnalisation suit un modèle « standard » ? Est-elle spécifique à chaque sport ? A chaque club ? Professionnalise t-on un club amateur de province, comme on professionnaliserait un club amateur francilien ? Les études de l'INSEE[3] et de l'IAURIF[4], mon expérience personnelle et les différentes rencontres avec des clubs de province se complètent pour pouvoir répondre à ces questions.

---

[1] CHANTELAT Pascal, La professionnalisation des organisations sportives : nouveaux enjeux, nouveaux débats, Paris, L'Harmattan, 2001.
[2] LOIRAND Gildas, Le bénévolat sportif : les ambiguïtés d'un engagement, Paris, L'Harmattan, 2000.
[3] INSEE, Ile-de-France à la page : Les franciliens sont aussi sportifs que les provinciaux et fréquentent davantage les équipements culturels, Ile-de-France, INSEE, 2004.
[4] Institut d'Aménagement et d'Urbanisme de la Région Ile de France (IAURIF), *Population – modes de vie*, NOTE RAPIDE n°375, Paris, 2005.

Afin de structurer toutes ces hypothèses et répondre à ces problématiques, il a fallu d'abord contextualiser le sujet en m'appuyant sur l'histoire du basket. Plus précisément son développement en France et en Ile-de-France avant et après sa professionnalisation. Ensuite, nous allons pouvoir étudier les quatre dimensions interdépendantes du processus de professionnalisation d'une association sportive amateur. Puis ce seront les obstacles qui seront mis en exergue avec une étude ciblée sur les obstacles supplémentaires qui se dressent devant les clubs amateurs franciliens. Enfin, nous conclurons cette étude avec quelques conseils à suivre pour les clubs de basket-ball amateur.

1. Le contexte

Avant de pouvoir décliner le processus de professionnalisation d'un club de Basket-ball amateur, avant de pouvoir définir les obstacles à éviter il est utile de pouvoir étudier le contexte historique, sportif et économique du Basket-ball en France et aussi plus particulièrement en Ile-de-France. Aussi vrai que le Rugby et son attachement à l'amateurisme est un cas particulier, aussi vrai que l'histoire et la passion pour le Football est un cas à part, le développement du Basket-ball en France, sa professionnalisation et son évolution créent un environnement particulier autour de la balle orange. Pour analyser cette différence, nous allons donc étudier l'historique du Basket-ball avec sa création, son arrivée en France, son développement en Ile-de-France avant et après la professionnalisation de ce sport qui intervint en 1985.

1.1 Historique du basket-ball

[1] Le docteur **James Naismith** est éducateur, médecin et homme d'église canadien. Il s'installe dans le Massachusetts (Etats Unis) et travaille au collège de Springfield comme directeur des activités physiques à l'Y.M.C.A. (Young Men's Christian Association). Confrontés aux intersaisons hivernales entre les saisons de football américain et baseball, il voulait créer un sport qui puissent être pratiqués l'hiver et qui limiterait les risques de blessures.

Le nom de « Basket-ball » lui a été suggéré par un de ses étudiants. La popularité du sport fut immédiate et le premier match fut organisé trois mois plus tard, le 11 Mars 1892 entre les étudiants et les professeurs du collège de Springfield devant 200 personnes.

Depuis 1892, beaucoup de choses sont arrivés à ce sport devenu mondialement connu. Via les diplômés de Y.M.C.A et le Dr Naismith le basket s'étendit rapidement à tout l'Est des Etats-Unis puis à travers le pays entier dès que les enseignants et les éducateurs sportifs prirent conscience de ses

---

[1] ARCHAMBAULT Fabien, ARTIAGE Loïc et BOSC Gérard, *Double jeu : Histoire du Basket-ball entre France et Amériques*, Paris, Vuibert, 2007.

possibilités. Il fallut néanmoins attendre la première guerre mondiale pour que son développement dépasse les frontières américaines par le Canada puis l'Europe grâce aux soldats américains.

Il fut ensuite réglementé par la Fédération Internationale de Basket-ball Amateur (F.I.B.A.), crée en 1932. Pendant la Seconde Guerre mondiale, les soldats américains firent connaître ce jeu dans de nombreux pays étrangers. Depuis les années 1950, moins de soixante après sa création, le basket-ball est connu dans le monde entier et pratiqué dans plus de 150 pays[1].

1.2. L'historique du basket-ball en France

1.2.1. La naissance du basket-ball en France

[2]Le premier match de basket-ball en Europe s'est déroulé sur le sol français en 1893, rue de Trévise à Paris. Un développement qui fut encouragé par l'Union Chrétienne des Jeunes Gens (UCJG) qui permit la création du premier club, le Basket-ball Club Trévise fondé en 1894. L'UCJG était une antenne parisienne des YMCA et le basket-ball fut donc développé d'abord pour des raisons d'ordre missionnaire, en effet l'organisation « prônent l'utilisation de l'éducation physique, simple moyen au service d'un but spirituel considéré plus élevé »[3]

Il faudra d'ailleurs vingt sept ans entre le premier match de Trévise et la reconnaissance du sport institutionnellement avec la création au sein de la Fédération Française d'Athlétisme d'une « commission des basket-ball » qui enregistrait à l'époque 336 licenciés. L'année suivante, on organisa le premier championnat de France qui vit l'Evreux AC remportés le titre devant le Stade Français. Cinq ans plus tard (1926), la France à Milan contre l'Italie a joué son premier match international. Devant l'essor de la balle orange, en 1929 la Fédération Française d'Athlétisme (FFA) devient la Fédération Française d'Athlétisme et de Basket-ball (FFABB). Cette dualité survivra trois ans et le 25 Juin 1932, le basket-ball proclame son indépendance, la Fédération Française de Basket-ball (F.F.B.B.) voit le jour. En 1979, la France compte environ 280.000 joueurs licenciés et deviens le deuxième sport collectif le plus pratiqué (en terme de licenciés) derrière le football.

1.2.2. La naissance du basket-ball en Ile-de-France

Nous l'avons vu au cours de l'historique du basket-ball en France, le premier match s'est déroulé à Paris. Témoin de sa naissance en France, le basket francilien va vivre ses premières heures de gloire

---

[1] Source Internet : www.FIBA.com, la FIBA est la Fédération International de Basket-ball
[2] CHAVINIER Sabine, Introduction et diffusion du basket-ball en France, Vuibert, 2007.
[3] Archives départementales du Val-de-Marne, Publication du Comité national des UCJG.

avec le Stade Français chez les hommes qui échoua pourtant dans la conquête du premier titre en 1921 mais qui se rattrapa en 1927.

Chez les hommes, le SCPO Paris et l'US Métro se livrèrent une belle bataille dans les années 30-40 et remportèrent respectivement 2 fois (36 et 38 pour SPOP, 39 et 42 pour l'USM) le titre. En 1945 c'est le club de Championnet Sport qui fit revenir le titre à un club parisien puis le Paris Université Club (47). Ce fut ensuite le début de l'ère Racing Club de France (51, 53, 54) et la fin de l'ère strictement parisienne car en 1961 puis 1962 c'est le club de l'Alsace de Bagnolet (Seine St Denis) qui devancèrent le PUC qui sera titré champion l'année suivante. Après un nouveau sacre de l'Alsace de Bagnolet en 67 ce fut le début du désert pour les clubs franciliens qui ne remportèrent plus aucun titre avant la professionnalisation.

Chez les femmes, dès le premier titre, l'île de France fut à l'honneur avec le sacre des Linnet's St Maur (1938). La même équipe fut sacrée une seconde fois en 1944. En 1945 c'est le Féminz Sport Paris puis en 1946, l'US Métro Paris. De 1953 à 1957 seules des équipes parisiennes seront titrées avec dans l'ordre : Fémina Sport Paris, Paris UC, Pavillons-sous-Bois, l'US Ivry et encore le PUC. Une équipe du PUC qui va ensuite truster les titres en 60, 61, 63, 64, 65 et 66 !

Comment expliquer la domination des équipes franciliennes des années 20 au années 60 ? Cette période donnée correspond à peu près aux durées d'un basket de haut niveau à dominante loisir. A la mise en place des championnats de France (1921), le sport reste un loisir et donc un plaisir réservé aux classes sociales les plus aisées. Paris et sa banlieue ainsi que les grandes villes françaises (Lyon et Marseille) étant le cadre de vie de la plus grande partie de la bourgeoisie Française de l'époque, il semble normal qu'au temps du « basket loisir » les clubs franciliens ainsi que les clubs Lyonnais et Marseillais aient trusté les titres de cette manière. On peut d'ailleurs noter qu'avant même la professionnalisation, à partir de 1968, aucun club francilien ne jouera de rôle majeur au sein de la première division chez les hommes.

1.3. L'évolution des clubs de basket-ball depuis 1985

1.3.1. La mise en place du professionnalisme

En 1985, les dirigeants des clubs de Nationale 1 (a l'époque, première division fédérale) vont procéder à la création de la commission exécutive de haut niveau (CEHN). Cette commission est chargée d'élaborer un statut du joueur professionnel en conformité avec le Code du Travail et le nécessaire assujettissement des joueurs au régime général de la Sécurité Sociale. C'est la fin de l' « amateurisme marron » des joueurs de haut niveau, c'est-à-dire la fin des paiements illégaux par les clubs de haut niveau a l'attention de leurs joueurs.

Au cours de la Saison 1986-1987, l'association des présidents de clubs de Nationale 1 se déclare favorable à la création d'une entité juridique distincte à laquelle la FFBB déléguerait la gestion des championnats professionnels. On assiste à la mise en place d'un championnat professionnels à 2 divisions de 16 clubs chacune (N1A et N1B). S'en suivra la dissolution de l'association des présidents de clubs de Nationale 1 en fin de saison et la création du CCHN (Comité des Clubs de Haut Niveau), instance disposant de la personnalité juridique et d'une autonomie financière. Le CCHN a pour mission l'organisation du championnat professionnel masculin dans le cadre d'une délégation de pouvoir accordée par la FFBB.

C'est au cours de la saison 1989-1990 que le Comité des Clubs de Haut Niveau (CCHN) devient la Ligue Nationale de Basket-ball au mois de novembre 1990. Enfin, au début de la saison 1993-1994 : Mise en place de l'appellation actuelle des championnats professionnels, à savoir PRO A et PRO B.

L'année suivante, saison 1994-1995, la Ligue Nationale de Basket-ball crée un GIE Basket Pro, groupement d'intérêt économique constitué par les clubs professionnels, ayant pour objet de promouvoir l'activité et l'image de ces clubs, notamment à travers la recherche de partenaires économiques et la mise en place d'une politique de communication pour le basket professionnel, ceci dans les conditions fixées par une convention passée avec la Ligue Nationale de Basket. A ce moment là, le basket et la FFBB comptait environ 450.000 licenciés.

Le basket français, sans le savoir, vivait la sa période dorée avec en 1993 la victoire de Limoges en Coupe d'Europe des clubs champions devant des millions de téléspectateurs des chaînes publiques, qui à l'époque retransmettais un match de championnat par semaine et les phases finales des épopées européennes de Limoges et de Pau Orthez. La fin du contrat TV en 1995 avec France Télévisions marqua un tournant pour l'exposition médiatique du basket-ball en France, qui se trouve aujourd'hui relégué sur les chaînes payantes comme Sport + et Canal+ Sport.

Pour revenir sur la période dorée du basket-ball français, la professionnalisation a permis une augmentation immédiate du Chiffre d'Affaires des clubs de Pro A. Les effets positifs sont cependant à nuancer depuis l'arrêt des droits TV liés au contrat avec France Télévisions. Il y a effectivement eu une hausse sensible des budgets des clubs de Pro A grâce aux droits TV et l'arrivée de sponspor important comme JET Services pour Lyon, Opel avec Limoges, pour ne citer qu'eux. Cela permit la constitution de budget pouvant rivaliser avec les autres pays européens. Une fois le contrat TV terminé, faute d'audience suffisante, les dépôts de bilan vont s'enchaîner : St Etienne 1990; Cognac 1991; Lot et Garonne, St Quentin et Vrignes 1993; Lourdes 1994; La Rochelle et JET Lyon 1996 ; Caen 1997; NPO Tours 1998; St Brieuc et Toulouse 1999; Montpellier 2002 et... Limoges 2004 !

En 2007, la Fédération Française Basket-ball compte sensiblement le même nombre de licenciés qu'il y a dix ans et voit désormais le Chiffre d'Affaires des clubs de Pro A stagnés[1] (2,8 millions en moyenne en 1995 contre 3,3 en 2007).

1.3.2. L'évolution des clubs de basket-ball francilien

L'évolution des clubs franciliens depuis la professionnalisation se résume en quelques chiffres.
- Titre de champion de France Masculins avant 1985 : 14 en 62 saisons
- Titre de champion de France Féminins avant 1985 : 19 en 48 saisons
- Titre de champion de France Masculin / Féminin depuis 1985 : 3 en 23 saisons (1 en masculins en 97 avec le PSG Racing et les deux premiers chez les féminines avec l'entente Stade Français-Versailles en 86 et 87)

Si, avant la professionnalisation, les équipes franciliennes pouvait conquérir un titre à peu près tous les 3 ans, le ratio est passé à un titre quasiment tous les 8 ans depuis 1985. Et encore, ce chiffre est gonflé par le parcours des féminines de l'entente Stade Français-Versailles qui survécurent à la professionnalisation jusqu'à la fin des années 80 avant de complètement disparaître. Un peu comme le PSG Racing champion en 97 avec une équipe très prometteuse et qui était présidée par Charles Biétry, chaperonnée par la section multi sport du PSG qui disparu suite aux désengagements de Canal + puis de Louis Nicollin. Depuis devenu Paris Basket Racing puis Paris Levallois, le basket parisien n'a cessé de vivoter depuis ce titre. L' « anomalie » du sacre du 15e budget (sur 16) de Pro A l'an dernier, JSF Nanterre, n'a pas modifié le climat global du basket parisien qui n'attend qu'une chose, la manne qatarie.

Quelles significations pouvons nous donner à cela ? Le virage de la professionnalisation a été raté, il a englué le basket francilien dans une situation difficile qui a atteint son apogée en 2007/08 avec aucun

---
[1] Source, Fabien HOEPPE correspondant de la Ligue Nationale de Basket auprès de la FFBB.

club francilien en Pro A. On peut l'expliquer par les faits évoqués dans l'historique du basket francilien, le sport s'étant démocratisé, l'inégalité des classes sociales face au sport n'étant plus de mise, le basket francilien n'aurait pas su se « populariser ». Ou du moins, les dirigeants franciliens n'auraient pas su prendre le virage de la professionnalisation.

A travers la contextualisation du basket-ball en France et en Ile-de-France nous avons pu voir qu'elle était son rayonnement avant et après professionnalisation. Le processus de professionnalisation du basket-ball a entraîné des conséquences sur le basket français dans son ensemble et particulièrement sur le basket francilien qui était l'un de ses fers de lance. Si à Madrid, Rome, Berlin, Ankara et à Jérusalem le basket se porte bien, ce n'est pas forcément le cas à Paris. L'étude du processus de professionnalisation va nous permettre de comprendre ou les dirigeants franciliens ont échoués et quelles sont les raisons de cette dégradation du rapport entre le basket en Ile de France et le haut niveau.

2. Le processus de la professionnalisation d'un club de basket-ball

Le processus de professionnalisation d'une organisation sportive ne touche en apparence que les clubs au statut professionnel, celle qui souhaite devenir de véritables entreprises de spectacles. En vérité il touche aussi les associations sportives qui conservent leur statut « amateur ». Mais qu'entend-t-on par professionnalisation d'un club ? Il est important de pouvoir définir concrètement ce que cela signifie, et en quoi celui d'un club de basket-ball diffère de celui des autres sports collectifs. Il est aussi important de comprendre les raisons qui poussent une organisation sportive à marcher dans cette voie. Un processus qui se décline en quatre dimensions et qui peut se décliner de plusieurs manières comme le confirme Pascal CHANTELAT[1] : «Il s'agit d'un processus à la fois d'ordre sportif, économico-juridique, organisationnel et institutionnel.»

2.1. Définitions

Avant de rentrer dans le vif du sujet et d'analyser le processus de professionnalisation d'une organisation sportive amateur, il est important de définir plus précisément les termes de l'étude.

La professionnalisation c'est « un processus historique à travers lequel un groupe se fait reconnaître comme profession »[2]. La professionnalisation est marquée par le caractère évolutif des interactions

---

[1] CHANTELAT Pascal, La professionnalisation des organisations sportives : nouveaux enjeux, nouveaux débats, Paris, L'Harmattan, 2001.
[2] DUBAR C & TRIPIER P., *Sociologie des professions*, Paris, Armand Colin, 1998.

entre individus, institutions et société (statut des sportifs et des organisations professionnelles, réglementation fédérale ; degré de spécialisation des individus ; compétences en termes de planification et de rationalisation de l'organisation sportive...)[1].

Professionnalisation ne veut pas dire professionnel ! Mais qu'est ce qu'un professionnel ? Sur le plan juridique, c'est celui qui perçoit une rétribution (quel soit principal ou secondaire) relative à son activité de sportif, alors que pour les institutions, le sportif doit être reconnu en fonction de ses performances. Il faut donc distinguer le statut sportif de haut niveau défini par le ministère de tutelle et celui de pro reconnu par les fédérations investies dans les spectacles sportifs. Sur le plan sociologique est considéré comme professionnel celui qui maîtrise certaines compétences spécialisées reconnues (sans forcement être rémunère) et la professionnalisation est alors « le processus visant à une élévation et à une spécialisation des compétences »[2] qui peut aboutir à la constitution de professions. La professionnalisation c'est aussi « la voie vers le sérieux et la compétence dans une activité exercée.» comme le décrit Le Petit Robert.

Par professionnel du sport nous entendrons donc tout ceux qui maîtrisent des compétences spécialisées dans la production et la gestion de la performance sportive dans un cadre parfaitement institutionnalisé (fédération, club, ligue). Parmi eux, il faut distinguer ceux qui peuvent être rangés dans la catégorie sportive (sportifs, entraîneurs, préparateurs physiques, mentaux, kiné, médecins, directeurs sportifs, directeurs techniques, agents, etc....) et ceux qui appartiennent à la catégorie des administrateurs entendus comme ceux qui relèvent des fonctions supports d'une organisation (administration, marketing, trésorerie et finance, communication interne et externe).[3] Car les professionnels du sport ne se réduisent pas aux sportifs professionnels. Autour d'eux, de nombreux acteurs interviennent et leur management, trop souvent considéré comme secondaire, est tout aussi important si l'on veut s'inscrire dans un contexte de haute performance.

2.2. Les causes de la professionnalisation

La professionnalisation des organisations sportives est un phénomène à raisons multiples.
La première fut la volonté des fédérations d'officialiser le statut de professionnel du sport qui existait déjà mais donnait vie à une économie souterraine, l'amateurisme « marron ». Emmanuel Bayle le confirme, « la professionnalisation évolue depuis la mise en place d'un professionnalisme officieux vers une organisation du marché visant à normaliser la pratique sportive en vue d'en tirer profit.[4] »

---

[1] STUMPP Sébastien et GASPARINI William, Les conditions sociales d'émergence du volley-ball professionnel. De l'espace nation au club local (1970-1987), STAPS n°63, pages 123-138, 2003.
[2] BERNARDEAU MOREAU Denis, Sociologie des fédérations sportives : la professionnalisation des dirigeants bénévoles, L'Harmattan, Paris, 2004.
[3] BARBUSSE Béatrice, Le management des professionnels du sport : le cas d'un club de handball, SPORT n°168-169, pages 107-123, 2006.
[4] BAYLE Emmanuel, *Facteurs clés de la performance des fédérations sportives nationales : bilans et perspectives*. Revue européenne de management du sport, n°3, pages 69-99, 2001.

Mais si historiquement, c'est dans ce but que les fédérations ont enclenchés le processus, d'autres facteurs rentrent en ligne de compte maintenant pour expliquer que mêmes les organisations sportives amateurs se penchent sur ce sujet.

L'essor, depuis la seconde guerre mondiale du « sport performance », confirmé par Elisabeth LÊ-GERMAIN[1] va permettre de favoriser l'augmentation du niveau des pratiques individuelles et des sports collectifs. Cette augmentation combinée à la recherche de la performance réclame nécessairement toujours plus d'éducateurs, de techniciens, de gestionnaire et de personnel administratif dans les clubs, comités et fédérations. Ces postes ne peuvent pas être assumés par des bénévoles, on assiste à une augmentation de la demande des professionnels du sport.

Mais l'Etat va jouer aussi un rôle majeur dans cette professionnalisation en développant les mesures et les dispositifs mis en place (« profession sport », emploi tremplin, emploi jeunes...) afin de faciliter l'emploi de professionnels au sein des associations sportives.
L'Etat ira même plus loin en imposant des qualifications, l'article 43 de la loi de 1984 stipule que « nul ne peut enseigner, encadrer ou animer contre rémunération une activité physique ou sportive, à titre d'occupation principale ou secondaire, de façon régulière, saisonnière ou occasionnelle [...] sans être titulaire d'un diplôme inscrit [...] sur une liste d'homologation des diplômes des activités physiques et sportives. ». En clair, Jean-Pierre AUGUSTIN[2] nous confirme que la professionnalisation sportive est présentée comme une des solutions aux questions posées par la diminution des emplois productifs.

A l'entame de cette étude, mon expérience du terrain pouvait me laisser penser que la professionnalisation était seulement la conséquence d'une volonté des dirigeants de se tourner vers une politique de compétences et de qualité. On peut voir grâce à ce chapitre que le processus de professionnalisation peut être subit faute de qualifications, fautes de moyens humains qualifiés. L'Etat à travers ces différentes actions a clairement voulu montrer la voie de la professionnalisation des organisations sportives amateurs. Sans l'intervention de l'Etat le processus démarrait généralement après l'apparition d'une équipe sportive compétente, qui permettait à l'association de monter les échelons fédéraux. Une fois que le club a atteint un certain niveau (Nationale Masculine 2 ou Nationale Masculine 3, Nationale 1 ou 2 Féminine), les dirigeants sont plus enclins à mettre en place le processus. Très peu, malheureusement, tente de se structurer à la fois sur et en dehors du terrain.

---

[1] LÊ-GERMAIN Elisabeth, Le Football et sa professionnalisation tardive à Lyon : de la confidentialité à la notoriété (1918-1964), STAPS n°68, pages 7-23, 2005.
[2] AUGUSTIN Jean-Pierre, Le sport et ses métiers : nouvelles pratiques et enjeux d'une professionnalisation, page 7, Paris, la Découverte, 2003.

La volonté de clarifier les échanges économiques entre les agents, l'augmentation du facteur performance des activités sportives, l'intervention de l'Etat, ceci montre que le sport n'est plus seulement un mode de loisir et une organisation institutionnelle, il est devenu un enjeu économique et un gisement d'emplois pour l'ensemble des professionnels du sport (sportifs et encadrements technique, administratifs...)

2.3. La comparaison avec les autres sports collectifs

Partant du principe que les sports collectifs vivent dans le même environnement géographique et démographique, nous pourrions penser que le processus de professionnalisation est le même. Il suffirait donc aux dirigeants des clubs de basket-ball amateur de reconduire les schémas conduits par les clubs professionnels de Football, qui sont la référence en la matière.

Hors il est clair que les différents sports collectifs présentent trop de différence en terme de nombre de licenciés, de potentiel médiatique, d'environnement économique pour que nous puissions imaginer reproduire sur le basket-ball les recettes employées par le football ou le rugby. D'ailleurs pour Emmanuel BAYLE[1], le football, le basket et le rugby sont dans des étapes différentes du processus de professionnalisation. Le football constitue le modèle pilote, le basket a été professionnalisé ensuite mais doit faire face à la concurrence de la NBA[2]. Le rugby lui termine sa métamorphose en s'adaptant aux mutations culturelles, économiques et organisationnelles.

La première donnée qui rend caduque une éventuelle comparaison entre le Basket et le Football, c'est la donnée économique. Les clubs de ces différents sports ne jouissent pas de la même manne financière, que ce soit en termes de droit TV ou de recettes guichets. D'après une étude de Jean-François BOURG[3], le budget moyen d'un club de football en Ligue 1 est 6x supérieur pour un même niveau de compétition à celui d'un club de rugby, 10x supérieur à celui d'un club de basket, 31x pour le club de handball et 38x par rapport au club de volley. Des chiffres qui permettent de mieux situer le gouffre financier qui sépare le sport roi en France qu'est le football et les autres sports collectifs.

Toujours selon J-F Bourg l'exposition médiatique en 2000 laissait apparaître le même ordre avec : Football 27,5% du temps d'antenne sportif (740h), Rugby (246h) et le Basket avec 201h. Ce chiffre, par contre, ne tiens pas compte de la compétition. Car si le temps d'antenne sportif serait ramené uniquement aux compétitions nationales ou aux compétitions européennes jouées par les équipes

---

[1] BAYLE Emmanuel, La dynamique du processus de professionnalisation des sports collectifs : les cas du football, du basket-ball et du rugby, STAPS n°52, pages 33-60, 2000.
[2] National Basket-ball Association, Ligue professionnelle de basket-ball américaine.
[3] BOURG Jean-François, *Financement des clubs sportifs et stratégies des collectivités*, Voiron, Edition de « La Lettre du cadre territorial », 1999.

françaises, le chiffre du basket serait nettement plus faible, l'exposition de la NBA[1] sur Canal + y étant pour beaucoup dans ces 201 heures. En effet, l'une des particularités du basket-ball est qu'elle doit faire face à la concurrence d'un système américain. Une concurrence très inégale qui l'oblige à vivre dans l'ombre de son cousin américain et qui ne lui permet pas une exposition médiatique intense.

Enfin pour mettre encore en perspective la place de troisième sport collectif français qu'occupe le basket-ball (même si en nombre de licenciés elle occupe le deuxième rang) voici le tableau de l'évolution des budgets moyen des clubs pros.

(en millions d'€)	98/99	02/03
Ligue 1	20,3	34
Ligue 2	3,96	6,67
TOP 16 Rugby	2,61	5,9
Pro A	2,93	3,4
Foot National	1,16	1,98
Handball D1	0,69	1,1
Volley D1	0,64	0,9
LFB	0,61	0,9

Source Jean-François BOURG – Financement des clubs sportifs et stratégie des collectivités territoriales

On y constate qu'en 98/99 la Pro A était la deuxième compétition en terme de budget en France mais que le Rugby et l'augmentation des droits télés Canal + lui ont permis de quasiment doubler son budget tandis que le basket stagnait. Le basket reste néanmoins loin devant le Handball et le Volley qui sont eux aussi éloignés des écrans des chaînes hertziennes.

En ce qui concerne les recettes guichets, le basket c'est un peu plus de 3.000 spectateurs en moyenne au début des années 80 quand le Football en compte 23.000. Et en 1997, le Football (33%) et le Rugby (28,4%) représentent plus de la moitié de toutes les recettes de sponsorisme.

Pour terminer la comparaison, l'INSEE[2] nous prouve qu'en 1999, le Basket était toujours 2e sport collectif en termes de nombre de licenciés et de nombres de clubs.

Nombre de licencies		
1er	Football	2.002.684

Nombre de clubs		
1er	Football	20.230

---

[1] Canal+ y consacre un créneau de 2h tout les vendredi soir et une émission d'1h30 chaque mercredi matin. La Pro A est relégué sur les chaînes câblées de la chaîne, Sport+. L'équipe de France de basket est elle aussi diffusée sur Sport+.
[2] INSEE, *Ile-de-France à la page : Les franciliens sont aussi sportifs que les provinciaux et fréquentent davantage les équipements culturels*, Ile-de-France, INSEE, 1999.

2e	Tennis	1.062.786
3e	Judo	555.119
4e	Pétanque	476.716
5e	Basket	437.974
6e	Equitation	369.839
7e	Rugby	273.459
11e	Hand	221.881
22e	Volley	100.545

2e	Tennis	9.594
3e	Pétanque	7.466
4e	Gym	6.890
5e	Judo	5.506
6e	Basket	4.744
13e	Rugby	2.385
18e	Hand	1.841
19e	Volley	1.735

Source Jean-François BOURG – Financement des clubs sportifs et stratégie des collectivités territoriales

Toutes ces données permettent de valider mon hypothèse de départ, le basket n'évolue pas dans la même sphère économique que le Football et le Rugby. Le processus de professionnalisation sera donc différent. Le basket-ball ne pourra pas reproduire les schémas du Football, ni même celui du Rugby. Il faudra l'adapter en tenant compte de sa présence médiatique, de ses rentrées financières et de son nombre de licenciés. De plus, le basket-ball est le seul sport à devoir être concurrencer par son «cousin» américain qu'est la NBA. Cette ligue d'Amérique du Nord qui cristallise l'intérêt médiatique de la pratique ainsi que ceux de ses licenciés.

Par contre, il reste médiatiquement plus intéressant que le Volley et le Hand et possède une « population pratiquante » très importante. Avec quasiment plus du double de licencié par rapport au Rugby, le basket a semble t-il les moyens humains pour retrouver son rang. En tout cas, pour conclure sur l'aspect spécifique du basket-ball, on constate que la professionnalisation est dépendante de son environnement et que les sports collectifs possèdent trop de facteurs dépendants les uns des autres pour pouvoir assimiler le processus d'un sport à l'autre. Une hypothèse confirmée par STUMPP & GASPARINI[1] qui résument que le processus de professionnalisation présente des différences selon l'activité considérée et que chaque étape intervient à son propre rythme.

2.4 Les quatre dimensions de la professionnalisation d'une association sportive amateur

2.4.1. La dimension sportive de la professionnalisation

L'objectif premier d'un club participant à ce processus de compétition est la performance sportive. Les clubs recherchant le loisir ne rentrent pas dans cette démarche. Les clubs cherchent à modifier leur structure organisationnelle ou économique pour que tout puisse converger à la réussite sportive de ce

---

[1] STUMPP Sébastien et GASPARINI William, *Les conditions sociales d'émergence du volley-ball professionnel. De l'espace nation au club local (1970-1987)*, STAPS n°63, pages 123-138, 2003.

même club. Les institutions du sport se professionnalisent, afin de pouvoir offrir le meilleur cadre possible à l'épanouissement sportif de ces associations.

Autour des sportifs de haut niveau (dans le sens de la performance), le cercle des acteurs s'est élargi. Si au début des années 80 l'unique priorité sportive était le recrutement de joueurs d'excellence, le développement du management a élargi le cercle des acteurs intervenant sur les critères de performance. Et ce qui a amené cette ouverture c'est la concurrence. La concurrence a rendu plus difficile l'accès au haut niveau et le niveau intrasèque des joueurs ne suffisait plus à se détacher.

Les clubs, au cours de cette étape, apportent un soin important au développement du management des sportifs avec l'apparition d'un ou plusieurs soutiens à l'entraîneur. Assistant technique, préparateur physique parfois préparateur mental et quand le budget ne s'y prête pas encore on cherche un homme capable de remplir ces trois missions à la fois. On recherche après à développer l'aspect médical avec l'apparition dans le staff d'un kiné et/ou d'un ostéopathe. Dans le domaine du basket-ball, l'importance des statistiques amène souvent le club à devoir fournir un dirigeant statisticien voir un assistant logistique qui va s'occuper du suivi de l'équipe, des équipements, de la restauration, de la réservation des hôtels et des déplacements en général.

Des propos étayés par STUMPP & GASPARRINI[1] mais aussi par Béatrice BARBUSSE[2].
STUMPP et GASPARRINI traite du cas d'un club mulhousien en plein processus de professionnalisation de ses structures sportives et décrit qu' « au début des années 80, certains dirigeants de clubs décident de systématiser le recrutement de joueurs d'excellence et de réorganiser le fonctionnement de leurs structures (rationalisation des techniques de préparation, d'entraînement et de suivi des équipes) pour favoriser le développement économique et sportif de l'activité.» Béatrice BARBUSSE elle démontre qu' «autour de ces sportifs qui produisent de la performance, le cercle des acteurs intervenant auprès d'eux s'est également élargi en raison des exigences de la compétition. On trouve ainsi des entraîneurs (généraux ou spécifique), des directeurs sportifs, des médecins, des kinés parfois des ostéopathes, des préparateurs physiques, des préparateurs mentaux, des psychologues et bien sûr des agents. **Plus le sport ou l'athlète est professionnalisé et plus son entourage est fourni.** »

Cette partie renvoie à la rationalisation des méthodes d'entraînement, des techniques et de l'environnement dans un but d'amélioration des résultats et des performances sportives. Elle permet de rendre compte de la construction sociale de l'excellence sportive à partir des relations entre athlètes,

---

[1] STUMPP Sébastien et GASPARINI William, *Les conditions sociales d'émergence du volley-ball professionnel. De l'espace nation au club local (1970-1987)*, STAPS n°63, pages 123-138, 2003.
[2] BARBUSSE Béatrice, *Le management des professionnels du sport : le cas d'un club de handball*, SPORT n°168-169, pages 107-123, 2006.

entraîneurs et dirigeants. On retient donc que les facteurs de la performance sportive se modifient car il y a encore moins de dix ans dans le basket-ball, les facteurs physiques et technicotactiques retenaient l'attention de tous. Aujourd'hui, on reconnaît l'importance du management des hommes dans les performances sportives à travers toutes les relations mises en place pour « faciliter » la vie du sportif évoluant dans ces organisations sportives à la recherche d'une professionnalisation de son domaine sportif.

On peut constater qu'au sein du club méen, cette dimension sportive de la professionnalisation est déjà en marche. Les dirigeants ont développé leur structure managériale autour de l'équipe première en y ajoutant un assistant, un préparateur physique, un ostéopathe, un statisticien et un dirigeant chargé de la logistique. On peut donc conclure que les critères de recherche de la performance sportive, qui étaient l'apanage des clubs professionnels, sont devenus maintenant un critère déterminant y compris dans la sphère « amateur ». Ainsi, pour citer d'autres exemples, le club de l'Alerte Juvisy, qui en deux ans est passé de la Nationale Masculine 3 à l'accession en Nationale Masculine 1, était doté depuis l'arrivée de son entraîneur Kamel Dib, d'un assistant, d'un préparateur physique dédié et d'un préparateur mental. Le préparateur mental ayant été rattaché au groupe suite a deux années consécutives d'échec concernant la montée en Nationale 2. On peut aussi citer l'exemple du Orchies BC qui s'est doté d'une structure sportive ambitieuse avec un entraîneur, un assistant, un préparateur physique, un kiné, un assistant logistique ainsi que d'un statisticien. Le club a fait signé à l'ensemble de ses dix joueurs, un contrat de joueur professionnel. Chose rare à ce niveau puisque reconnu officiellement comme non-professionnel à la FFBB. L'obligation de joueurs sous contrat démarre en Nationale Masculine 1 pour les compétitions hommes.
Transformant ces joueurs de haut niveau en professionnels, le club d'Orchies a remporté le titre de Champion de France de Nationale 3 et joua directement les premiers rôles en Nationale 2. Aujourd'hui, saison 2013/14, ils évoluent en Pro B.

2.4.2. La dimension organisationnelle de la professionnalisation

La professionnalisation des organisations sportives sur le plan organisationnel tend à transformer les associations sportives en entreprises aussi bien dans les attentes que dans les moyens même si, bien évidemment, la recherche de bénéfice n'est pas un moteur. Le moteur reste la performance sportive. C'est la dimension qui opère le plus de bouleversement dans les habitudes des dirigeants et des licenciés. C'est la manière dont les organisations sportives reconstruisent leurs rapports de pouvoir et le chemin pris vers une organisation plus rationnelle, plus efficace, plus pragmatique.

Au début de mes lectures, je pensais que la professionnalisation se jouait seulement sur le phénomène d'entrepreneurisation des associations sportives. C'est-à-dire le fait de transformer une association en société commerciale. Mais plus j'ai avancé dans mon raisonnement et plus je me suis rendu compte de l'ampleur du phénomène, et de la multitude de dimensions qui étaient pris en compte dans ce processus. Au final, même dans sa dimension organisationnelle, le processus ne se limite pas à l'entrepreneurisation des clubs. Les arguments de Pascal CHANTELAT[1] ont fini de me convaincre : « L'essentiel des enjeux de la professionnalisation ne se joue pas sur la question de l'entrepreneurisation des associations sportives. En effet, d'une part, les organisations sportives concernées par la transformation en société anonyme ne représentent que la partie émergée de l'iceberg, c'est-à-dire que les clubs de certaines disciplines sportives hypermediatisées comme le football, le rugby et le basket-ball engagés dans les compétitions d'envergure européenne ou internationale. »

Il ne s'agira donc pas d'insister sur ce facteur d'entrepreneurisation mais de voir toutes les modifications organisationnelles qu'une « professionnalisation amateur » impliquent. D'ailleurs, le but de la professionnalisation n'est pas de transformer une structure associative en structure d'entreprise commerciale. La gestion des clubs pros est une référence pour les petits clubs amateurs mais pas toujours dans le sens positif. Gary TRIBOU[2] décrit « les clubs sportifs avec une structure professionnelle comme des entreprises commerciales visent à accroître leur chiffre d'affaires et leur part de marché, à des fins de bénéfices. La gestion des clubs pros est une référence pour les petits clubs amateurs mais elle peut constituer une référence négative pour des raisons de dérives commerciales et affairistes. On dit souvent d'un club professionnel qu'il a vendu son âme.» Mais ces clubs qui ont « vendu leur âme » sont surtout réservés aux pratiques du Football et du Rugby. Dans le domaine qui nous intéresse, le Basket on remarque que la Pro A possédait encore un club sous le statut d'Association (STB Le Havre) en 2007/08 tandis que la Pro B ne compte que quatre club sur 18 ayant changé de statut juridique et abandonné la structure associative[3].

Pour les clubs amateurs, le passage à un statut de société les empêcherait de recevoir les subventions qui, nous allons le voir dans le chapitre suivant, ont un rôle moteur au sein du budget des clubs autant pros qu'amateur dans le basket-ball. La solution est donc de créer une double structure avec :
- structure associative pouvant recevoir les subventions et chargé de faire vivre la cheville amateur du club (les équipes jeunes et les équipes loisirs)
- une structure professionnelle qui peut rémunérer les joueurs et l'encadrement de l'équipe de haut niveau. Certains clubs comme le Orchies BC (Nord) lorsqu'ils évoluaient en Nationale 3 avaient déjà choisi cette solution. La société est ouverte sous un statut de SAOS[4] et possède des contrats sur chaque

---

[1] CHANTELAT Pascal, *La professionnalisation des organisations sportives : nouveaux enjeux, nouveaux débats*, Paris, L'Harmattan, 2001.
[2] TRIBOU Gary, *Management du sport : marketing et gestion des clubs sportifs*, page 6, Paris, Dunod, 2006.
[3] Voir Annexe 3.
[4] SAOS = Société Anonyme à Objet Sportif

joueur de l'équipe de l'association. La société loue les prestations de ses joueurs à l'association qui en échange la rémunère.

Il est important aussi de voir qui sont les acteurs de cette transformation organisationnelle. Mon expérience m'a démontré que la bonne volonté des dirigeants en place n'est pas suffisante. Il faut souvent avoir recours à des acteurs externes qui peuvent être les élus des collectivités territoriales ou des gérants de société privée. STUMPP et GASPARRINI[1] l'évoquent : « Deux catégories d'acteurs interviennent dans les transformations de l'organisation. D'une part les acteurs internes positionnés dans un organigramme avec à sa tête un Comité Directeur (qui gère l'ensemble des équipes du club) et un « Département Equipe première » comprenant les postes de responsable « relations publiques », de directeur sportif et, de chargés de recrutement. D'autre part, les acteurs externes (ligue régionale, municipalité, presse) qui influencent aussi le fonctionnement des structures du club dans la perspective d'en tirer des profits (symboliques, sociaux, politiques ou économiques). »

Si l'organisation sportive part d'une organisation approximative avec une distinction des pouvoirs qui n'est pas claire. La première étape sera de chercher à constituer un organigramme clair avec la distribution des pouvoirs de décisions très précises (Président, Comité Directeur, Commission Jeunes, Commissions Haut Niveau…), de manière à pouvoir identifier rapidement pour les acteurs internes mais aussi les acteurs externes, qui sont les décisionnaires au sein du club. Un avis partagé par STUMPP et GASPARRINI qui se penche sur la professionnalisation organisationnelle d'un club de volley-ball « Pour parvenir à la professionnalisation, les dirigeants cherchent à insuffler une nouvelle configuration organisationnelle (inspiré par Henri MINTZBERG : Structure et dynamique des organisations) avec constitution d'un organigramme décisionnel précis qui tranche avec la relative approximation dans la répartition des tâches du précédent Comité du club. ».

La professionnalisation organisationnelle de l'association doit donc tendre vers la recherche d'une plus grande clarification et une plus grande spécialisation des tâches. Ce développement tend de plus en plus à exiger des agents des compétences techniques spécialisées. Le club serait amené, afin de se professionnaliser (recherche de la performance, de la qualité), à engager des professionnels de la comptabilité, des secrétaires et autres agents administratifs afin de pouvoir s'encadrer de personnel compétent. Cette idée est confirmée par Pascal CHANTELAT[2] : « les tendances lourdes (économiques, politiques et socioculturelles) incitent les associations sportives à modifier leurs modes de gestion traditionnels. […] Ceci les conduit à professionnaliser à la fois l'encadrement administratif,

---

[1] STUMPP Sébastien et GASPARINI William, *Les conditions sociales d'émergence du volley-ball professionnel. De l'espace nation au club local (1970-1987)*, STAPS n°63, pages 123-138, 2003.
[2] CHANTELAT Pascal, *Les stratégies identitaires des dirigeants d'associations sportives : apports et limites d'un concept*, Paris, L'Harmattan, 2001.

notamment les fonctions de secrétariat, comptabilité et l'encadrement sportif soit par la salarisation du personnel, soit par la sélection des compétences des bénévoles.»

<u>2.4.3. La dimension économique de la professionnalisation</u>

Il existe quatre types de recette pour un club professionnel : les recettes guichets, les droits de retransmission, les sponsors et les subventions. On peut ajouter a ces quatre types de recette, les indemnités de transfert reçues mais mis à part dans le Football, cette recette est aléatoire et ne représente pas de rentrées d'argent très importante (3% du budget des clubs de Pro A en moyenne, dans le détail en 2007-2008 seuls 6 clubs ont touchés ce type de recette).[1] Pour un club amateur, il existe aussi quatre types de recettes principales mais elles ne sont pas exactement les mêmes : les recettes « matchs » (qui regroupent les recettes guichets et les recettes buvette), les sponsors, les cotisations licenciés et les subventions des collectivités territoriales.

Concernant les recettes guichets, le basket, au milieu des années 80 c'est 1.500 spectateurs en moyenne pour la Pro A (dénommée à l'époque N1A) et aujourd'hui c'est un peu plus de 3.000[2]. Cette affluence modeste, comparée au Football (23.000 en 2000/01) amène des recettes guichet qui ne représentent que 16% du budget des clubs[3]. Ce manque d'attractivité au niveau professionnel se répercute au niveau amateur mais se trouve très dépendant de l'environnement économique (urbain/rural, taille de la ville, concurrence d'autres équipes ou sports, taille du gymnase…). Il est cependant rare de trouver un club amateur pouvant prétendre à des recettes guichets ou recettes « matchs » opérant à 16% sur le budget total. Il n'existe pas de source commune pouvant vérifier ou annuler cette hypothèse. Il existe cependant des exceptions comme Gries Oberhoffen (800 spectateurs de moyenne en Nationale 2, saison 2007/08)[4] ou BC Orchies (six matchs joués devant 1.200 personnes pour la saison 2007/08 en N2).[5]

Les subventions des collectivités territoriales représentent 30% des budgets de Pro A et 50% pour les clubs de Pro B (qui eux n'obtiennent que 9% de leur budget via les recettes aux guichets). Ce montant est trop important et ne met pas le club à l'abri d'un changement de cap politique, c'est d'ailleurs la raison principale des dépôts de bilan en Pro A/Pro B.[6]

Des propos qui sont confirmés par Jean-François BOURG[7] qui explique que « la subvention joue un rôle moteur lorsqu'elle représente un fort pourcentage des recettes (supérieure à 20%), cependant le rôle normal d'une subvention est stabilisateur.

---

[1] Source, Fabien HOEPPE correspondant de la Ligue Nationale de Basket auprès de la FFBB.
[2] BOURG Jean-François, *Financement des clubs sportifs et stratégies des collectivités*, Voiron, Edition « Lettre du cadre territorial », 1999.
[3] Voir Annexe 3 : *Compte de résultat LNB saison 2007-2008*, Source LNB.
[4] Source Fabien Lerate Journaliste à l'Est Républicain.
[5] Frédéric Szymczak, Directeur Sportif du BC Orchies.
[6] Source, Fabien HOEPPE correspondant de la Ligue Nationale de Basket auprès de la FFBB.
[7] BOURG Jean-François, *Financement des clubs sportifs et stratégies des collectivités*, Voiron, Edition « Lettre du cadre territorial », 1999.

Si dans le Football, tous les clubs pros voient leur financement public diminué du fait du fort accroissement des droits TV. Tous les sports ne réussissent pas à intéresser les médias. Ainsi dans les sports comme le basket pratiquement aucun club ne peut se contenter de subventions publiques d'un montant inférieur à 20% de ses recettes.

En 99/00 ils étaient 22% à recevoir des collectivités territoriales plus de 20% de leur budget » selon le compte-rendu de la LNB pour la saison 2006/07, ils étaient 94% en Pro A (15 clubs sur 16) en 2007-2008 à recevoir une subvention d'un montant supérieur à 20%.

Les clubs de basket-ball professionnel doivent impérativement développer leurs autres types de recettes pour pouvoir pérenniser leur projet, ils ne peuvent chercher à dépendre plus longtemps et plus intensément des collectivités territoriales. C'est souvent le même cas pour les clubs amateurs.

Jean-François BOURG confirme aussi l'idée de fragilité face aux échéances politiques : « Le problème c'est que lorsque la subvention joue un rôle moteur, le maintien du club au plus haut niveau est soumis au risque d'un changement de la politique sportive des collectivités territoriales. Le risque est particulièrement fort lors de l'élection d'une nouvelle majorité politique pouvant redéployer ses moyens soit en faveur du sport pour tous, soit en faveur d'autres activités.». De plus, la crise économique que rencontre actuellement la France et l'ensemble des institutions tend à augmenter les risques de diminution des subventions.

Si l'on regarde dans le détail l'environnement économique des clubs amateurs, on voit qu'ils se retrouvent, pour la plupart, avec un faible public et peu de sponsors. Ce qui les rend entièrement dépendant des subventions publiques. Les cotisations des licenciés servant souvent à faire vivre les autres équipes du club et le défraiement des entraineurs, le développement économique du club passe par le développement des recettes guichets et du sponsorisme.

Pour le développement des recettes guichets, les associations ne sont tous sur un pied d'égalité. L'environnement du club détient des facteurs très importants. Il est plus facile pour des villes de petite ou moyenne taille de province de lutter pour le développement de ses recettes que pour un club parisien ou les clubs des grandes villes.

Toujours selon BOURG J-F[1], dans l'univers des clubs locaux, deux types de clubs amateurs apparaissent :
- ceux qui peuvent organiser des manifestations sportives ou extra-sportives (bals, fêtes, kermesse et lotos). Ceux là réussissent généralement à équilibrer leur budget et à dégager un excèdent.
- ceux qui ne peuvent pas organiser ces manifestations et qui de ce fait se retrouvent face à des difficultés de trésorerie. Dans cette catégorie en général figurent les clubs de grande ville ou de la

---

[1] BOURG Jean-François, *Financement des clubs sportifs et stratégies des collectivités*, Voiron, Edition « Lettre du cadre territorial », 1999.

région parisienne qui réussissent moins facilement que les petites communes à mobiliser des spectateurs, autant pour leurs matchs que pour leurs fêtes.

Le sponsorisme aussi est très dépendant du tissu économique local. Le club qui doit faire face à un milieu économique en crise (Nord, Lorraine par exemple) ou à la concurrence des clubs de Rugby et/ou de Football aura moins de chance qu'un club évoluant au sein d'un tissu économique sain, dominant les autres activités sportives de par son rayonnement médiatique et/ou sportif.

Le tissu économique francilien présente l'inconvénient d'une forte concurrence au niveau des demandes faites aux dirigeants d'entreprise. Ils ont aussi affaire à des dirigeants moins attachés au rayonnement de leur ville et moins enclins à aider les associations sportives.
Sachant que le retour sur investissement d'un acte de sponsorisme est très faible, voire nul.
De plus en 1997, le Football (33,3%) et le rugby (28,4%) sont à deux 61,7% de toutes les recettes de sponsorisme[1]. Le club, pour continuer son processus de professionnalisation économique devra donc se doter de moyens humains pour développer la part de sponsorisme dans ses recettes. Dans ce cadre, la catégorie socioprofessionnelle des dirigeants joue un rôle. Si le président ou le chargé de sponsorisme est lui-même un gérant, un PDG ou un DG son réseau de connaissances va influer sur le développement de ce type de recettes. Des faits qui sont confirmés par mon expérience personnelle avec l'ADA Blois.

J'ai pu étudier le club de l'ADA Blois, club de basket-ball d'un milieu rural évoluant en Nationale 1 Masculine après avoir longtemps évolué en Nationale Masculine 3. Mon passage au sein du club afin de pouvoir comprendre, de l'intérieur comment ce club avait pu faire évoluer aussi vite les structures économiques du club. Le budget de l'ADA Blois a été multiplié par 8 en l'espace de 5 ans (800.000€ de budget en 2007/08).[2] En bâtissant une équipe spectaculaire en Nationale 3, Philippe DAUDIN a posé la première pierre de la professionnalisation du club, la dimension sportive. Cette équipe a eu des résultats qui lui ont permis de remplir son palais des sports (1200 places, 5€ l'entrée, 800 places payantes par rencontre). Le Palais des Sports plein, les résultats aux rendez-vous, la presse régionale est aux premières loges et permet d'offrir une renommée au club qui est débarrassé de toute concurrence d'un club de Football ou de Rugby dans son environnement local.
C'est là que le savoir de Philippe DAUDIN entre en scène, car la qualité et la condition sociale des dirigeants fait partie du cercle vertueux, et il va soutenir une action de démarchage des entreprises du tissu local blésois pour arriver à créer une groupe de partenaires détenant plus de 50 entreprises. C'est au prix d'un travail en images et en communication harassant qu'en l'espace de cinq ans, le budget a pu atteindre 800.000€ et le club a pu surfer sur cette vague de succès pour se situer aux portes de la

---

[1] TRIBOU Gary, TRIBOU Gary, *Management du sport : marketing et gestion des clubs sportifs*, Paris, Dunod, 2006.
[2] Philippe DAUDIN, Président de l'ADA Blois et gérant de DAUDIN SA.

Pro B. Pour comparaison, l'ADA Blois possède plus de partenaires entreprises qu'un club professionnel de Pro A évoluant dans la capitale, le Paris Levallois.

L'importance de la dimension économique de la professionnalisation tient à ce qu'elle permet le maintien d'une dimension sportive de qualité. Sans budget conséquent, il est impossible de garder ou de recruter des éléments sportifs de qualité. Ce qui permet de dire que les clubs qui gèrent le mieux la professionnalisation de sa dimension économique sont les mieux placés pour développer leur dimension sportive. Gary TRIBOU[1] a trouvé un condensé de cette partie en une phrase : « Le club qui gagne sportivement est souvent celui qui est le mieux géré économiquement. ». Simon KUPER et Stefan SZYMANSKI[2] ont pu prouver de manière assez évidente le lien dans le Football entre les budgets des clubs pros et le classement sportif.

2.4.4. La dimension institutionnelle de la professionnalisation

C'est la quatrième dimension de la professionnalisation et elle est la seule qui ne dépend pas directement des actions des dirigeants des clubs mais des dirigeants des fédérations de sa corporation. Dans notre cas, cette dimension sera donc le champ d'action de la F.F.B.B.
C'est l'occasion de prouver qu'indépendamment de la volonté des différents acteurs locaux, la professionnalisation ne peut se faire sans une volonté de ses institutions. Pascal CHANTELAT[3] en parle en ces termes : « Cette dimension renvoie au processus de structuration et de légitimation d'une profession qui se traduit notamment par la création de syndicats de joueurs et d'entraîneurs et par la mise en place d'un dispositif de formation validant les compétences requises pour l'exercice du métier. Ainsi se construit un groupe professionnel dont les conditions de travail et de rémunération peuvent être établies par l'intermédiaire de la négociation collective. »

La professionnalisation des institutions, en d'autres termes c'est aussi faire sauter le verrou du statut amateur des sportifs, un statut auquel se sont longtemps accrochés les athlètes. C'est aussi pour les institutions la répartition en trois catégories des acteurs du « sport performance ».
Il y a les sportifs de haut niveau qui sont répertoriés par les ministères des sports mais qui ne concernent que les sports individuels. Il y a les sportifs professionnels, ceux qui détiennent un contrat de travail avec une organisation sportive et enfin les « sportifs travailleurs » qui participent à des compétitions de haut niveau avec ou sans contrepartie financière.
Béatrice BARBUSSE[4] clarifie les trois états : « On peut être un sportif professionnel sans être considéré comme un sportif de haut niveau par le ministère ; on peut être un sportif de haut niveau

---

[1] TRIBOU Gary, *Management du sport : marketing et gestion des clubs sportifs*, Paris, Dunod, 2006.
[2] KUPER Simon & SZYMANSKI Stefan, *Les Attaquants les plus chers ne sont pas ceux qui marquent le plus*, Paris, De Boeck, 2012.
[3] CHANTELAT Pascal, *La professionnalisation des organisations sportives : nouveaux enjeux, nouveaux débats*, Paris, L'Harmattan, 2001.
[4] BARBUSSE Béatrice, *Le management des professionnels du sport : le cas d'un club de handball*, SPORT n°168-169, pages 107-123, 2006.

sans être un sportif professionnel puisque la salarisation n'est pas un critère déterminant le caractère de haut niveau de la pratique sportive ; on peut être un « sportif travailleur » sans être ni professionnel, ni sur un athlète de haut niveau.»

Le processus de professionnalisation des institutions n'est pas le même selon les sports. On ne peut pas comparer un sport comme la pétanque à un sport comme le football. Et on ne peut pas comparer le basket-ball au tennis. Cependant, il m'a fallu lire Emmanuel BAYLE[1] pour pouvoir comprendre les différentes étapes du processus de professionnalisation institutionnelle :

1) Première structuration, équilibre du pouvoir très favorable aux bénévoles et premiers recrutements administratifs dans les domaines du secrétariat, comptabilité et le traitement administratif des licences, c'est le cas de l'haltérophilie par exemple.

2) La spécialisation fonctionnelle, recrutements de spécialistes de la communication et du partenariat, du juridique, de l'informatique et de l'événementiel. De par la spécialisation des fonctions, des conseillers souvent importants deviennent une première délégation technique qui entraîne un premier cloisonnement entre la partie sportive et la partie administrative, c'est le cas de la gymnastique.

3) La troisième est celle de la coordination et selon Emmanuel BAYLE c'est dans cette étape que se trouve le basket-ball ainsi que le judo. C'est le recrutement au niveau du siège fédéral de chargés de missions, l'augmentation des niveaux d'encadrement, le recrutement de spécialistes du marketing, de personnel de direction et de coordination. Cette troisième étape montre que le rapport des pouvoirs entre bénévoles et permanents peut s'inverser au profit des permanents, au point que les élus se sentent dépossédés de la gestion de la fédération et du processus de décision.

4) La dernière étape est propriété exclusive du tennis et du football. C'est la professionnalisation quasi-généralisée du système fédéral. Apparition de la notion de chef de service et de directeur de département.

Le processus de professionnalisation des institutions est un « acquis » pour l'association amateur. Il s'agit pour les clubs de pouvoir situer le niveau de professionnalisation de sa fédération afin de pouvoir profiter, dans le cas du basket-ball de la professionnalisation des cadres techniques et de pouvoir s'appuyer sur les compétences techniques, les compétences administratives de sa fédération, de sa ligue ou de son comité.

Dans le cas du basket-ball, la professionnalisation de ces institutions peut donc se révéler un atout, il pourrait devenir un poids dans le cas d'une association d'haltérophiles souhaitant se professionnaliser. Les luttes de pouvoir bénévoles/professionnels feront d'ailleurs parti des obstacles à la professionnalisation d'un club amateur que nous développerons dans le chapitre suivant.

---

[1] BAYLE Emmanuel, *La dynamique du processus de professionnalisation des sports collectifs : les cas du football, du basket-ball et du rugby*, STAPS n°52, pages 33-60, 2000.

Le processus et ses quatre dimensions englobent l'ensemble des efforts à fournir pour permettre au club de devenir plus compétent et plus sérieux. Nous avons pu voir que selon les divers sociologues cités, ces dimensions sont interdépendantes et peuvent donc être développés à des niveaux différents. Cependant, quel est le but de la professionnalisation d'une organisation ? Pourquoi souhaite t-on développer l'aspect économique ou améliorer son organisation ?

L'organisation sportive souhaite développer ces aspects pour que l'aspect sportif soit impacté. On organise son club de manière plus rationnelle afin que les joueurs rattachés à l'équipe première et l'encadrement sportif soit dans les meilleures conditions possibles pour la performance.

On cherche à développer l'aspect économique et budgétaire du club afin de pouvoir s'offrir les services de joueur ou de cadre technique encore plus réputé, plus performant qui participeront à l'amélioration des résultats.

Ceci permet de dire que si la professionnalisation peut-être divisé en quatre sous parties, toutes tendent dans un même but : l'amélioration de la performance sportive.

Il existe donc plusieurs raisons qui poussent un club à rentrer dans cette démarche, si certaines sont externes à l'association (état) d'autres revendiquent une volonté de la part des dirigeants de tendre vers plus de résultats, de sérieux et de compétences.

3. Les obstacles à la professionnalisation d'un club de basket-ball amateur

La professionnalisation des associations sportives est un profond bouleversement des logiques traditionnelles du fonctionnement associatif sportif. Le mouvement sportif dans son ensemble tend à résister à ce processus et le secteur sportif plus qu'un autre, doit tenir compte de l'organisation traditionnelle des clubs et de la place du bénévolat.

Le club va également devoir contourner les traditions sociales liées à l'organisation sportive et l'économie souterraine que constitue l'amateurisme « marron ». Le rôle trop important que joue les collectivités territoriales dans les budgets des associations sportives est un autre obstacle se dressant face à la professionnalisation des associations sportives.

Ces obstacles se rajoutent à tous ceux spécifiques à l'environnement propre d'une association, pour les clubs franciliens, les difficultés sont nombreuses et nous les étudierons précisément dans cette partie.

3.1. L'éthique associative

3.1.1. Les vertus de Pierre de Coubertin

Le mouvement sportif français a longtemps été guidé par la vision olympique de l'amateurisme. Une vision française largement influencée par l'un des hommes fort des sports modernes, le Baron Pierre de Coubertin. Le Baron prônait une pratique des sports par les classes sociales les plus aisées, une pratique axée sur le loisir. Les années 1890-1990 ont amené un mouvement de sportivisation qui va à l'encontre du célèbre énoncé de Pierre de Coubertin, l'essentiel n'est plus seulement de participer aux compétitions sportives mais bel et bien de les gagner.

Ces propos sont confirmés par Gildas LOIRAND[1] qui explique que « le sport s'affirme aujourd'hui de plus en plus comme sport. Pour reprendre l'expression de BOURDIEU, il se replie sur son propre « nomos », sur sa propre « loi fondamentale » qui n'est autre, en définitive, que la victoire en compétition.

Et ceci au détriment d'autres types de fonctions. Même si c'est seulement pour assurer le maintien des subventions publiques, ces fonctions sociales et éducatives restent publiquement proclamées comme relevant de l'essence du sport et de l'activité des clubs. **L'essence du sport ne serait donc plus la recherche de loisir mais la recherche de la performance**.

Une recherche de la performance qui a poussé les institutions à reconnaître et organisé le professionnalisme du football en 1932, du basket en 1985 et du rugby en 1995.[2] Bien que ces pratiques soit organisées depuis longtemps, la vision du sport par Pierre de Coubertin continue de vivre dans l'esprit des « amoureux » du sport « pur ».

Pour certains, professionnalisme signifie dopage, tricherie et malversations financières. Les défenseurs de l'amateurisme trouvaient dans le rugby un dernier renfort contre l'envahissement des pros et donc de l'argent dans le monde du sport. Mais, même pour les amoureux du rugby, tel Michel POUSSE[3], amateurisme rime avec sélection sociale. Et malgré son plaidoyer pour le retour aux valeurs de l'amateurisme, il avoue qu' « il y a impossibilité pour tout sport amateur de devenir démocratique. »

Car l'amateurisme du sportif, comme celui de l'artiste, relève du passé. Relève d'un temps ou seul les plus oisifs pouvaient se permettre une activité sans but lucratif. De cette période qui précéda la révolution industrielle, les plus riches ont pu se détacher de la masse des travailleurs. Michel POUSSE[4] décrit le sport amateur comme « nécessitant l'aisance financière et c'est la son talon d'Achille.

Le professionnalisme permet d'accéder à cette aisance financière mais en contrepartie son idéal n'a plus rien à voir avec celui des amateurs.» Un idéal amateur qui est toujours présent dans l'esprit des dirigeants et amoureux du sport en France. Il représente donc un obstacle car l'idéal professionnel lui

---

[1] LOIRAND Gildas, *Le bénévolat sportif : les ambiguïtés d'un engagement*, Paris, L'Harmattan, 2000.
[2] AUGUSTIN Jean-Pierre, *Le sport et ses métiers : nouvelles pratiques et enjeux d'une professionnalisation*, Paris, la Découverte, 2003.
[3] POUSSE Michel, *Rugby : Les enjeux de la métamorphose*, p9, Paris, L'Harmattan, 2001.
[4] Ibidem

est opposé « le professionnel est soumis aux lois du marché. L'éthique sportive ne le concerne plus, il devient produit de consommation ».[1]

Le danger viendrait donc d'un certain désamour de ses dirigeants, de ses bénévoles ou de ses supporters quant à une certaine renonciation des valeurs du sport française que représente parfaitement l'adage prêté à Pierre de Coubertin « L'important, c'est de participer ».

<u>3.1.2. La fin du bénévolat</u>

Il suffit de faire un tour parmi les clubs amateurs, tout sports confondus pour que vous puissiez entendre les responsables des clubs répéter « les bénévoles sont aujourd'hui une espèce menacée », « c'est la crise du bénévolat » ou encore çi et là les stigmates d'un « individualisme » supposé en plein essor dans notre société moderne.
Sans vraiment pouvoir m'appuyer sur quelque chose d'autre qu'une impression, mon club participait à cet état général visant à placer les bénévoles dans les rangs des « espèces en voie de disparition ».
Les années passant, il devient effectivement de plus en plus difficile de trouver des personnes capables de rendre service sans demander une contrepartie financière.
Pourtant, Gildas LOIRAND[2], par ses recherches, montre que les impressions générales sont erronées. Ou plutôt que si crise du bénévolat il y a, son origine ne saurait être trouvé dans l'avancée prétendue des valeurs individualistes mais plutôt dans une ambiguïté. « Une ambiguïté née de deux courants contraires que sont l'institution sportive qui a un nécessaire besoin du bénévolat et de l'autre un développement du sport qui tend de plus en plus à exiger des agents qui l'encadrent des compétences techniques spécialisées. Cette situation entraîne l'exclusion ou l'auto-exclusion progressive des « formes les plus désintéressées d'encadrement bénévole au profit de formes nettement plus intéressées. »

Il ne faudrait donc pas croire que l'on manquerait subitement de bénévoles mais plutôt que la recherche de critères de performance pousserait les clubs à rechercher d'abord quelqu'un de qualifié plutôt que quelqu'un de volontaire. Poussé aussi par les institutions, ce mouvement de fond envoie de facto les organisations sportives vers la professionnalisation de son encadrement technique.

D'où viendrait alors la propension des dirigeants à vouloir confirmer ces thèses d'un individualisme en hausse. Les dirigeants par ce biais, cherche finalement à culpabiliser les parents, tuteurs et encadrants gravitant autour de l'organisation afin de pallier l'absence de volontaires. En effet, lors des déplacements des jeunes joueurs il est de plus en plus difficile de trouver des parents susceptibles de

---

[1] POUSSE Michel, *Rugby : Les enjeux de la métamorphose*, p9, Paris, L'Harmattan, 2001.
[2] LOIRAND Gildas, *Le bénévolat sportif : les ambiguïtés d'un engagement*, Paris, L'Harmattan, 2000.

les accompagner. Il faut parfois légèrement culpabiliser les parents en annonçant que le match devra être annulé et que son enfant ne pourra malheureusement pas se faire « plaisir ». Ceci dans le but de responsabiliser les parents quant à leur devoir vis-à-vis de leur enfant.

Une expérience confirmée par Gildas LOIRAND[1]. « La stratégie de la crise grave du bénévolat serait en fait une stratégie de culpabilisation, de sorte qu'en l'absence de bonnes volontés spontanées, le premier pratiquant à se sentir « coupable » de ne pas donner son temps fait généralement un bénévole tout à fait convenable.»

D'ailleurs le manque de bénévoles ne touche pour ainsi dire jamais l'ensemble des pratiquants d'un même club. Ce manque se situe sur les équipes les plus faibles au niveau sportif. Au sein de Le Mée, ce sont les Cadets 2 et les Minimes 2 qui souffrent de ce manque de bénévoles. Il y a donc un lien, aussi, entre le niveau sportif et la volonté d'encadrement des bénévoles. Gildas LOIRAND va dans ce sens : « Les équipes premières et les pratiquants les plus doués, ceux qui pratiquent du sport-compétition ne rencontrent pas de problème d'encadrement bénévole.»[2]

Le mouvement sportif recense 1.000.000 de bénévoles contre 370.000 « éducateurs sportifs »[3]. Un chiffre qui leur permet d'asseoir un peu plus leur position de pouvoir (président, vice-président et trésorier) dans les clubs amateurs. De plus, les élus des institutions accèdent aux positions d'autorité par élection. Des élections par scrutins auxquels seuls participent les grands électeurs désignés des clubs. Des électeurs qui, de fait, sont toujours eux-mêmes des bénévoles.

Des élus qui seraient tentés de vouloir enrayer la professionnalisation des organisations sportives et des institutions afin de ne pas modifier les rapports de pouvoir existant.

Pascal CHANTELAT[4] le confirme : « la généralisation d'un professionnalisme sportif ne peut que contribuer à l'invalidation des élus bénévoles qui tiennent leurs positions de pouvoir sur le sport non pas tant en raison d'une compétence technique à les occuper, mais bien plutôt en raison d'un statut social extérieur au sport associé à une ostentation de bonne volonté et de désintéressement. »

Ce qui valide l'idée que les dirigeants en place seraient tentés de lutter contre le professionnalisme par peur de perdre leur position de pouvoir, consciemment ou non. Il y aurait donc une lutte de pouvoir au sein du club qui occulterait le désir de l'organisation de tendre vers la performance.

3.1.3. Les dirigeants traditionnels

---

[1] LOIRAND Gildas, *Le bénévolat sportif : les ambiguïtés d'un engagement*, Paris, L'Harmattan, 2000.
[2] *ibidem*
[3] INSEE, *Ile-de-France à la page : Les franciliens sont aussi sportifs que les provinciaux et fréquentent davantage les équipements culturels*, Ile-de-France, INSEE, 2004.
[4] CHANTELAT Pascal, *Les stratégies identitaires des dirigeants d'associations sportives : apports et limites d'un concept*, Paris, L'Harmattan, 2001.

Nous avons pu commencer à le voir dans le chapitre précédent, la professionnalisation bouleverse les rapports de pouvoir au sein de l'organisation. Qui dit bouleversement de l'organisation dit modification des rapports de pouvoir. La recherche de la performance tend à offrir le pouvoir de décision aux dépositaires techniques, aux personnes qualifiées et reconnues. On assiste donc à une spécialisation des tâches et à une séparation entre le technique et l'administratif. « Chaque fois qu'un espace sportif se structure en espace professionnel, la définition des moyens légitimes pour gérer la pratique sportive d'excellence fait l'objet d'âpres luttes symboliques[1]. »

Des luttes qui proviennent des objectifs différents des acteurs. Les dirigeants traditionnels sont les dépositaires du sport amateur, ils sont souvent issus de catégories socioprofessionnelles supérieures à ceux des autres bénévoles.

Lors des déplacements de l'équipe première du Mée j'ai ainsi pu croiser des président de Nationale 2 ou Nationale 3 chirurgiens, avocats, dentistes, chef d'entreprises ou commerçants. Avant de reprendre mes études et de constituer une sorte d'exception sociale, j'étais banquier et j'occupais donc un statut social supérieur aux bénévoles qui sont, au sein de mon association enseignant, ouvrier, étudiant ou manutentionnaire.

Ces observations sont confirmées par Sébastien STUMPP et William GASPARINI[2] qui pensent que « que ces conflits traduisent aussi des divergences (tant idéologiques que sociales) ainsi que des enjeux spécifiques au monde sportif associatif. Les mêmes auteurs situent ces luttes d'influence dans le fait que « l'identité amateur ne relève pas de l'essence du sport, mais bien d'une stratégie de certaines fractions sociales occupant les postes de dirigeant dans les clubs au moment même ou les sports collectifs se professionnalisent. »

Dans le cas du club de volley-ball alsacien étudié par STUMPP et GASPARINI, l'étude des oppositions confirme une nouvelle fois la thèse de l'opposition sociale entre des dirigeants en place et les techniciens : « Il existe des oppositions éthiques et sociales entre des groupes aux propriétés sociales différenciées. Si les défenseurs d'un ethos amateur du volley-ball ont en commun d'avoir une certaine ancienneté dans leur fonction fédérale, d'être dépourvus de titres sportifs élevés et d'appartenir plutôt au monde des commerçants, des professions libérales et de la notabilité locale, les agents situés au pôle opposé (défenseurs d'une professionnalisation rapide, à l'image du football) partagent, outre un passé de volleyeur de bon niveau, une position sociale dans le secteur public ou dans le secteur privé liée à la possession d'un diplôme relativement élevé ».

---

[1] FAURE Jean-Marie & SUAUD Christophe, *Un professionnalisme inachevé. Deux états du champ du football professionnel en France*. Actes de la recherche en sciences sociales, n°103, pages 7-26, 2000.
[2] STUMPP Sébastien et GASPARINI William, *Les conditions sociales d'émergence du volley-ball professionnel. De l'espace nation au club local (1970-1987)*, STAPS n°63, pages 123-138, 2003.

Issus de la petite bourgeoisie culturelle et économique diplômée (tous ont fait des études supérieures), ces dirigeants sportifs sont par ailleurs très au fait des formes modernes d'entrepreneuriat et d'organisation de la vie sociale, dont ils utilisent la rhétorique pour se définir, par exemple, comme un « team dynamique, sérieux, ou les compétences de chacun sont utilisées efficacement »[1].

La professionnalisation ouvrirait la voie à des professionnels qualifiés et expérimentés dans le domaine sportif qui pourrait mettre à mal le management, les décisions et le projet sportif des dirigeants traditionnels. Cette lutte de pouvoir pourrait amener les dirigeants en place à tenter de garder leur supériorité en continuant de s'entourer de personnel non qualifié. L'obstacle à la professionnalisation serait donc l'ambition sociale de ces dirigeants traditionnels qui profiterait des organisations sportives pour conforter leur domination de la classe populaire.

Selon Gildas LOIRAND[2] « la professionnalisation des organisations sportives via une professionnalisation de l'encadrement technique fait incontestablement peser une menace sur la stabilité organisationnelle des clubs et sur le pouvoir de type patrimonial qu'exercent leurs dirigeants. » Pour autant, la volonté de ces dirigeants de garder le contrôle de leur club se ferait au détriment de la volonté de l'ensemble de concourir à une meilleure organisation.

3.2. L'amateurisme « marron »

L'amateurisme « marron » c'est le système de rémunération hors de tout contrôle de l'Etat des sportifs « travailleurs ». L'amateurisme « marron » selon STUMPP & GASPARINI[3] est une forme inavouée de professionnalisme qui se caractérise par le versement aux sportifs experts de sommes d'argent hors de tout contrôle juridique et institutionnel. C'est ce qui se passe dans la majorité des clubs de NM2, NF1 et dans la très grande majorité des cas en NM3 et NF2[4].

C'est un phénomène qui n'est pas nouveau, qui existait au sommet de la hiérarchie sportive avant la professionnalisation et qui a petit à petit descendu les niveaux pour descendre jusque dans les niveaux régionaux pour le basket-ball. Un marché officieux qui peut permettre aux individus descendant des structures professionnelles de se voir verser des allocations chômage et des versements non déclarés par le club amateur qui les « emploie ». Ce phénomène accroît fortement l'activité économique associative et se voit verser aux titres de remboursement de frais de déplacement ou frais de spectacle. Cela peut être une première étape vers une professionnalisation de la structure sportive et cela permet surtout de pouvoir attirer des éléments de qualité au sein de son effectif.

---

[1] STUMPP Sébastien et GASPARINI William, *Les conditions sociales d'émergence du volley-ball professionnel. De l'espace nation au club local (1970-1987)*, STAPS n°63, pages 123-138, 2003
[2] LOIRAND Gildas, *Le bénévolat sportif : les ambiguïtés d'un engagement*, Paris, L'Harmattan, 2000.
[3] STUMPP Sébastien et GASPARINI William, *Les conditions sociales d'émergence du volley-ball professionnel. De l'espace nation au club local (1970-1987)*, STAPS n°63, pages 123-138, 2003.
[4] NM pour Nationale Masculine, NF pour Nationale Féminine.

Si ces faits sont discutables d'un point de vue juridique, il est difficilement concevable qu'un joueur devant s'astreindre à une dizaine d'heures par semaine minimum ne reçoivent pas en contrepartie une certaine somme. La notion de passion a sa limite mais c'est surtout le facteur concurrentiel qui pourrait aussi expliquer en partie l'existence de ces « rémunérations ». En Ile de France, pour attirer un joueur de qualité, des clubs évoluant au niveau régional n'hésite pas à proposer des primes de match ou des dédommagements mensuels afin d'inciter le joueur à évoluer un peu plus loin de chez lui que son club actuel. Sans ce facteur financier, difficile pour le club en question d'être plus attractif.

Le problème vient des abus et notamment de la présence d'américains ou d'anciens professionnels qui peuvent être rémunérés jusqu'à 3.000€[1] de manière totalement frauduleuse afin de faire profiter leur équipe de leur talent.

Cette première étape vers la professionnalisation peut être une marche en avant pour le club dans sa dimension sportive mais amène des bouleversements organisationnelles comme l'apparition du managérat et surtout il implique une rationalisation des finances du club. Il devient donc un obstacle lorsque le club doit se priver d'un encadrement technique autour des joueurs pour pouvoir financer l'investissement sur les joueurs et quand il ne permet plus de financer le fonctionnement des autres secteurs du club. Il bloque la professionnalisation complète des structures du club en empêchant une salarisation de l'aspect secrétariat, comptabilité et autres domaines administratifs.

3.3. Le rôle majeur des subventions et des collectivités territoriales

Le sport représente 28% des dépenses des communes en 2000[2]. Des dépenses qui sont réparties sur les quatre types d'actions des communes envers le sport qui sont : loisir (surtout à l'attention des seniors), insertion (pour les jeunes et les personnes en difficultés), éducation (via le développement des activités péri-scolaires) et compétition (soutien des équipes de haut niveau), c'est le seul qui nous intéresse dans le cas d'une professionnalisation.

Qu'est ce qui peut pousser une collectivité territoriale à soutenir le sport de haut niveau ? Le soutien au sport de haut niveau c'est la possibilité pour la ville d'une publicité et d'une image dynamique. L'image d'une ville qui parvient à insérer ses jeunes dans une politique sportive.

Même si, dans la grande majorité des cas, les équipes soutenues ne possèdent pas ou peu d'éléments provenant de la commune. Le soutien au haut niveau c'est aussi la possibilité pour le club de pouvoir créer des emplois.

---

[1] NESMITH Troy qui arriva en France à St Vallier (NM2), Le Mée (NM2), ADA Blois (NM1) et Lille MBC (NM1) fut rémunéré de manière officielle ou officieuse selon les clubs de 1.500 à 3.000€ par mois.
[2] BOURG Jean-François, *Financement des clubs sportifs et stratégies des collectivités*, Voiron, Edition « La Lettre cadre territorial », 1999.

Pour Jean-Claude AUGUSTIN, le soutien au sport de haut niveau c'est aussi pour les collectivités territoriales la construction d'une action publique territoriale[1], notamment autour des aménagements sportifs, du soutien associatif et des formations diversifiées, qui est à la source du développement des activités et des emplois.

Mais mis à part l'encouragement des collectivités territoriales à professionnaliser les encadrements techniques, et donc à créer de nouveaux emplois, quel peut bien être la contrepartie recherchée par les collectivités ? Il pourrait y avoir une recherche de dynamisation d'un espace local dans le cas d'un milieu rural. Cela pourrait être l'occasion via le « sport performance » de développer le « sport insertion » dans un milieu urbain en proie au chômage de la population des 18-25 ans.

Pour Jean-François BOURG[2] « Dans le cas des clubs amateurs, les contreparties monétaires pour les collectivités territoriales n'existent pratiquement pas. Les compétitions amateurs ne sont pas soumises à la taxe sur les spectacles, ni à la taxe professionnelle. Le club local ne déplace pas les foules, seuls les bars et les restaurants sont susceptibles de connaître un surcroît d'activité.»

La contrepartie pourrait aussi avoir des fins plus personnelles et les élus locaux pourraient vouloir identifier leur période de contrôle des collectivités à une réussite sportive.

Dans le cas de l'élection d'une nouvelle équipe, la redéfinition de la politique sportive de la ville, de l'agglomération ou du département peut ruiner tout l'univers économique d'une organisation. La professionnalisation passant par la salarisation, une baisse des recettes entraînerait forcement des répercussions sportives et organisationnelles. De plus, pour conclure sur le rôle des subventions des collectivités territoriales, les élus peuvent devenir les pilotes de la politique sportive du club. Dépositaire de la plus grande partie des recettes, il peut donc dicter ses ambitions et ses volontés au sein d'un club. On peut prendre le cas, une nouvelle fois du club d'Orchies qui malgré une montée en Nationale 2 et une saison se terminant par une seule défaite en 27 matchs s'est séparée de son entraîneur Hervé DENISOT, remplacé par un entraîneur qui officiait au niveau professionnel afin de satisfaire la volonté d'un meilleur encadrement technique du maire de la ville. A l'image de ce qui a pu se passe au niveau professionnel avec l'éviction d'Antoine Kombouaré, alors leader à mi-parcours, du banc du PSG èré qatari, pour pouvoir engager Carlo Ancelotti.

On pourrait aussi citer l'exemple de l'agglomération MELUN VAL DE SEINE qui a mis en place une politique sportive ambitieuse en soutenant plusieurs équipes durant six ans avant de brusquement changer de politique. Ils décidèrent de couper les subventions de l'ensemble des clubs qui avait été renommé « MELUN VAL DE SEINE » pour financer uniquement le club d'Escrime :

---

[1] AUGUSTIN Jean-Pierre, *Le sport et ses métiers : nouvelles pratiques et enjeux d'une professionnalisation*, Paris, la Découverte, 2003.
[2] Ibidem (1)

- l'équipe de Volley de La Rochette, finaliste du Championnat Pro A en 2004 et 2006 mais forfait générale en 2009-2010.
- l'équipe de Tennis de Melun, finaliste du Championnat plusieurs fois durant les années 2000. L'équipe a disparu du haut niveau national suite au désengagement de l'agglomération.
- le club de Natation de Melun qui avec Laure Manaudou et Philippe Lucas a remporté huit titres de Champion de France interclubs chez les femmes de 1999 à 2006. Ils participaient aux interclubs régionaux en 2012.
- l'équipe de Rugby Melun-Combs, évoluant en Fédérale 2, c'est le seul sport collectif ayant « surnagé » après le désengagement car ils sont affiliés à une autre agglomération, celle de Sénart.
- l'équipe de Basket de Le Mée, évoluant en Nationale 2, la baisse de subvention a été fatale aux ambitions du club qui jouera au niveau régional la saison prochaine.

3.4. Les obstacles spécifiques aux associations sportives franciliennes

3.4.1. Les recettes guichets en Ile-de-France

Les recettes guichets sont pour le basket-ball un revenu complémentaire, jamais vraiment un revenu principal. Même au sein des clubs pros, j'ai été pendant 4 saisons le reponsable communication du Paris Levallois et le responsable de la billetterie. Dans un budget de 3 à 5 millions d'euros, les recettes billetterie pesaient en moyenne 6%.

Comme déjà annoncé par BOURG J-F[1] dans la partie 2.4.3. évoquant la dimension économique de la professionnalisation il est plus difficile pour les clubs amateurs franciliens de mobiliser des spectateurs. Les dirigeants franciliens savent qu'ils doivent faire face à plus de concurrence dans le domaine du « spectacle » sportif mais aussi faire face à une dispersion des individus susceptibles d'être des spectateurs. Il n'est pas évident de concerner un public pour Le Mée sur Seine qui offre la possibilité de voir évoluer aussi un club de football et de handball au plus haut niveau régional, une équipe de gymnastique qualifiée pour les Championnats de France et qui offre régulièrement via sa salle de spectacle la venue d'artistes célèbres. Le Mée est limitrophe avec Melun et permet donc aussi l'accès aux salles de cinéma, de nombreux restaurants et spectacles les week-ends.

Cette hypothèse est validée via une étude de l'INSEE[2] qui démontrent que les franciliens sont plus nombreux à fréquenter les équipements culturels. Ils déclarent plus souvent sortir et ce, quel que soit le type de spectacle.

---
[1] BOURG Jean-François, *Financement des clubs sportifs et stratégies des collectivités*, Voiron, Edition « La Lettre cadre territorial », 1999.
[2] INSEE, *Ile-de-France à la page : Les franciliens sont aussi sportifs que les provinciaux et fréquentent davantage les équipements culturels*, Ile-de-France, INSEE, 2004*davantage les équipements culturels »*. Juin 2005.

Au cours des 12 derniers mois, 64% des Franciliens se sont rendus dans une salle de cinéma contre 49% des provinciaux, 27% sont allés au théâtre contre 13% et 54% ont assisté à un spectacle vivant, contre 47%. Ils sont relativement plus nombreux que les provinciaux à avoir visité un monument historique, une exposition ou un musée. Ils ont aussi davantage fréquenté les bibliothèques (21% contre 15%).

Toujours selon l'INSEE, c'est essentiellement le profil sociodémographique des franciliens qui explique leur plus forte utilisation des équipements culturels et leur cumul plus fréquent d'activités culturelles et sportives. En effet, ils sont en moyenne, plus diplômés, issus de catégories sociales plus favorisées, disposent d'un niveau de vie plus élevé et sont plus nombreux parmi les jeunes actifs, caractéristiques qui vont de paire avec l'intensité de ces pratiques.

Les clubs parisiens amateurs évoluent souvent dans des gymnases vides ou presque à quelques exceptions près. Après avoir connu deux ans en Nationale 2 et trois ans en Nationale 3, cette différence dans le nombre des spectateurs est clairement validée. Les gymnases de province des villes de moyenne ou de petite taille sont les plus fréquentés et généralement les endroits ou les populations locales sont les plus animées. La notion de supporter y est plus présente, en Ile de France ce sont généralement des spectateurs.

Les clubs parisiens doivent faire face à un déficit de recettes guichets par rapport à la province, des recettes guichets qui sont nulle ou quasi. Etant donné le peu d'attractivité des spectacles (il n'y a pas ici remise en cause du niveau et du talent des joueurs et donc du spectacle, mais son potentiel d'attractivité comparé aux nombreux équipements culturels de la région), les clubs évoluant en Nationale 2 ou 3 chez les hommes ou chez les femmes font « portes ouvertes » et ne font pas payer l'entrée[1]. Alors que durant mes déplacements en province (Nord Pas de Calais, Alsace, Vosges, Jura, Normandie, Rhône, Saône et Loire...), la très grande majorité des clubs recevant pratiquent une politique de prix d'entrée qui ne les empêchent pas de remplir leur gymnase.

De plus, les clubs provinciaux profitent souvent de ces rencontres pour organiser des événements péri sportifs comme des tombolas, des repas à thème, des lotos où des fêtes. Ce fut par exemple le cas il y a quatre ans lors d'un de nos déplacements en Alsace à Gries, où le club local qui est le fruit d'une fusion entre Gries et la petite commune d'Oberhoffen a organisé une grande tombola où le gagnant se voyait réserver les clés d'une Renault Twingo. Une rencontre qui permit aux organisateurs de faire salle comble (900 spectateurs) et de dégager des recettes supplémentaires. Ces événements ne revêtent pas le même caractère d'importance en Ile-de-France, ou alors de manière sporadique. Ce que

---

[1] Sources : CS Meaux, Coulommiers BB, Le Mée SMVS, Marne la Vallée, Tremblay AC, CS Montereau, Alerte Juvisy, Palaiseau BB, SCC Charenton et US Alfortville. Aucun club francilien n'évoluant en NM2, NM3, NF2, NF3 ne fait payer l'entrée aux spectateurs.

confirme une nouvelle fois Jean-François BOURG[1] en validant l'existence de deux types de clubs amateurs :
- ceux qui peuvent organiser des manifestations sportives ou extra-sportives (bals, fêtes, kermesse et lotos). Ceux là réussissent généralement à équilibrer leur budget et à dégager un excèdent.
- ceux qui ne peuvent pas organiser ces manifestations et qui de ce fait se retrouvent face à des difficultés de trésorerie. Dans cette catégorie en général figurent les clubs de grande ville ou de la région parisienne qui réussissent moins facilement que les petites communes à mobiliser des spectateurs, aussi bien pour leurs matchs que pour leurs fêtes.

Il existe donc bel et bien une particularité liée aux clubs franciliens et qui peut être partagé par les clubs des grandes villes ou dans la très proche banlieue de celle-ci. Une particularité qui offre moins de débouchées financiers à ces clubs concernant les recettes guichets.

3.4.2. Le sponsorisme en Ile-de-France

Il suffit de faire un tour dans les différents gymnases de Nationale 2 et de Nationale 3 pour constater une nette différence entre les partenariats club-entreprise du coté francilien et du coté province. Certains clubs comme Calais ou Ardres peuvent s'enorgueillir d'une trentaine de partenaires privées souhaitant associer leur nom à leur équipe locale ou tout simplement donner un coup de pouce financier à une structure de laquelle ils sont proches.
A travers mes différents entretiens, de type informels souvent avant ou après une rencontre, avec les dirigeants de clubs nordistes[2] on peut dégager deux types de pratique de la part des clubs de Province. La première est l'attribution à un dirigeant d'un rôle de démarcheur auprès des entreprises locales. Une attribution qui ne trouve que peu d'échos au sein des clubs franciliens[3]. La deuxième pratique tient à développer un « Club des partenaires » qui permet aux entreprises de créer une vraie relation avec le club mais aussi entre eux, une manière de faciliter les relations b-to-b (business to business). Il n'existe à ma connaissance aucun club « non-professionnel » de ce type en Ile de France. Mais comment expliquer une telle différenciation entre les dirigeants franciliens et les provinciaux ? On ne peut pas se cacher derrière les chiffres de Jean-François BOURG qui annonce qu'«en 1997, le football (33,3%) et le rugby (28,4%) sont à eux deux 61,7% de toutes les recettes de sponsorisme en France. »[4]. Ces chiffres sont valables pour la France entière, les clubs provinciaux trouvant la parade pour faire mentir ces chiffres.

---

[1] BOURG Jean-François, *Financement des clubs sportifs et stratégies des collectivités*, Voiron, Edition « La Lettre cadre territorial », 1999.
[2] Sources : dirigeants de Calais, Ardres, Orchies et Bourbourg.
[3] Il n'existe pas de poste de dirigeant spécialisé dans le sponsoring à Le Mée, Meaux, Marne la Vallée, Tremblay et Juvisy. Sources : les présidents des clubs concernés.
[4] BOURG Jean-François, *Financement des clubs sportifs et stratégies des collectivités*, Voiron, Edition « La Lettre cadre territorial », 1999.

On peut y trouver un début d'explication dans la médiatisation des clubs de basket-ball. Lors de la saison 2006/07, la rivalité entre Calais et Le Mée pour la montée en Nationale 2 trouva son paroxysme lors du match retour opposant les deux équipes. Le match se déroula dans le Nord dans un gymnase qui accueillait pour l'occasion une station de radio locale qui retransmettait la rencontre en direct, une chaîne de télévision locale qui préparait un résumé pour le lendemain et nous pouvions voir deux quotidiens régionaux faire une page entière sur l'événement. Cette année, le duel pour la montée opposait Le Mée à Marne la Vallée, deux équipes franciliennes. Le jour du match, pas de télé locale, pas de radio locale (même si une radio nous contacta le lendemain pour recueillir nos impressions) et un article d'une demi page dans Le Parisien Seine-et-Marne qui sera suivi le lundi d'un article d'une demie page dans La République de Seine-et-Marne. Même si, dans les deux cas, le gymnase paraissait trop petit pour l'occasion, la disproportion médiatique entre les deux cas peut expliquer en partie la différence de relation avec les entreprises locales.

La presse quotidienne régionale joue un rôle prépondérant dans la professionnalisation d'une organisation sportive. Elle permet d'offrir une vitrine médiatique. STUMPP et GASPARINI[1] le confirme lorsqu'ils évoquent le cas du club mulhousien de volley-ball « A travers son soutien à la professionnalisation du volley-ball, la presse quotidienne régionale perçoit la rentabilité économique de l'opération : la professionnalisation d'un sport entraîne un intérêt pour les médias en général et pour la presse en particulier.
L'existence d'un club de haut niveau ayant une notoriété nationale intéresse évidemment le journaliste du service des sports qui traite habituellement les activités collectives peu médiatisées. L'accès d'une équipe au haut niveau ouvre ainsi un espace d'expression journalistique toujours susceptible d'être reconverti en capital de reconnaissance symbolique.»

Un capital de reconnaissance symbolique qu'il est difficile de trouver en Ile de France lorsque même l'équipe évoluant en Pro A, Paris Basket Racing se voyait privés de tout article inhérent au domaine sportif. Le Parisien s'afférant plutôt à relayer ses difficultés d'ordres économiques. Depuis que le club est devenu Paris Levallois, il intervient dans le journal simplement pour relayer son résultat tandis que dans l'Est Républicain, le SLUC Nancy peut parfois se voir réserver un titre en haut de la première page au même titre que l'AS Nancy Lorrain son concurrent du Football.

Un dernier élément peut expliquer la particularité du sponsorisme en Ile-de-France c'est l'attitude des chefs d'entreprise face au sponsoring. La concurrence industrielle et commerciale est reconnue plus forte en Ile-de-France de par la concentration des activités. Une concurrence qui offre moins de possibilité d'ouvrir les recettes à une notion de « dons », de « mécénat » ou d'actes gratuits sans

---

[1] STUMPP Sébastien et GASPARINI William, *Les conditions sociales d'émergence du volley-ball professionnel. De l'espace nation au club local (1970-1987)*, STAPS n°63, pages 123-138, 2003.

contrepartie financière avérée. De plus, les entreprises franciliennes doivent faire face à une demande de sponsorisme beaucoup plus forte qu'en province car les associations sont plus nombreuses. Enfin, l'attache des dirigeants provinciaux à la localité est plus forte en province qu'en Ile de France. Tous ces éléments seraient donc la confirmation d'une disposition moins grande des entreprises franciliennes à accepter les offres de sponsorisme des clubs.

Si la conjoncture économique paraît moins bénéfique aux associations franciliennes, on ne peut s'empêcher de penser qu'elle est accentuée par une moins bonne organisation des clubs concernant ce sujet.

3.4.3. Le bénévolat en Ile-de-France

Un constat saisissant lors des réceptions des équipes de province c'est l'abondance des bénévoles autour de l'encadrement technique et des joueurs. Le maximum a été observé lors de la réception de Denain (Nationale 2, Nord-Pas-de-Calais) qui arriva avec douze bénévoles, tous ayant des tâches bien précises que ce soit dans la prise de statistique ou dans la logistique. Les équipes alsaciennes, rhodaniennes, nordistes arrivent généralement avec un minimum de cinq bénévoles tandis que les délégations franciliennes se réduisent généralement à portion congrue avec un voire deux dirigeants accompagnant les joueurs et le staff technique qui est le plus souvent constitué d'un entraîneur et de son assistant.

Selon une étude de l'INSEE[1], le taux de pratique sportive est semblable pour les franciliens et les provinciaux. Mais les Franciliens sont moins impliqués dans l'encadrement des associations sportives (membres de bureau, chargé de tâches administratives, entraîneur...) que les provinciaux. Ils ne sont que 3% contre 5% en province d'après une étude de l'IAURIF[2].

La liste des obstacles à la professionnalisation permet de constater que la professionnalisation des organisations sportives ne se fait pas sans heurts et sans bouleversements. Des bouleversements d'ordre historique, social ou économique. La mise en exergue de la difficulté des clubs franciliens tend à prouver que la professionnalisation passe forcément par une augmentation conséquente du budget. Des augmentations de budget que les clubs franciliens auront, peut-être plus de mal à trouver que les clubs provinciaux compte tenu du contexte économique et social dans lesquels ils évoluent.

---

[1] INSEE, Ile-de-France à la page : Les franciliens sont aussi sportifs que les provinciaux et fréquentent davantage les équipements culturels, Ile-de-France, INSEE, 2004.
[2] IAURIF, *Population – modes de vie*, NOTE RAPIDE n°375, Paris, 2005.

Conclusion : Conseils aux clubs de basket-ball amateur

L'étude des obstacles se dressant sur la route des clubs amateurs de basket-ball fut l'occasion de répondre à plusieurs questions liées à la problématique de départ. Une étude qui nous amenait à confirmer ou à invalider certaines hypothèses.

En premier lieu, nous avons pu voir ce qui pousse les organisations sportives à se professionnaliser. Des raisons externes liées à la professionnalisation des institutions, liées a la volonté des collectivités territoriales de pallier une diminution des emplois productifs en développant des types d'emplois pouvant satisfaire les organisations sportives dans leur volonté d'offrir un encadrement technique compétent à leurs licenciés.

Dans ce cas, la professionnalisation peut donc être subit par les organisations sportives. Dans la plupart des cas ce processus est une volonté d'aller dans le sens de l'augmentation des performances et surtout une conséquence de la forte concurrence à laquelle est astreint le haut niveau. Pour se différencier de leurs concurrents, les organisations cherchent à tendre vers plus de performance et ceci à tous les niveaux de leur club (économique, sportif et organisationnel).

Ensuite les recherches ont pu permettre d'identifier la spécificité de chaque sport face à sa professionnalisation. Ainsi les univers économiques du football, du rugby, du basket, du volley et du handball offrent trop de caractéristiques différentes liées à leur recette, leur nombre de licenciés et leur médiatisation ainsi que les différents niveaux de professionnalisation de leur institution. Cette thèse permet donc d'annuler l'idée d'un concept idéal qui serait appliquable à toutes les organisations sportives.

Car le concept doit s'adapter aux caractéristiques environnementales comme l'enracinement local aux vertus amateurs, les liens avec le tissu économique local, la catégorie socioprofessionnelle de ses dirigeants et tout un environnement qui est propre à chaque association, chaque ville et chaque région de France. Il n'existe donc pas de concept qui puisse être copié de manière intégrale d'un club à un autre. **Il faut toujours s'adapter aux spécificités de chaque club, en vertu de son ADN, de son histoire, de son environnement.** On ne professionnalise donc pas un club en province comme on peut le faire en Ile de France. Les obstacles sont les mêmes mais se présente de différentes manières, dans des dosages différents.

La question initiale offre donc une réponse variable selon l'environnement de l'association concernée. On peut conclure que si la professionnalisation d'un club se faisait naturellement, chaque club ambitieux deviendrait automatiquement un club doté de structure sportive, organisationnelle et économique digne du très haut niveau mais tout ceci n'est pas aussi simpliste. Les dirigeants et les techniciens qui sont à la recherche de la performance, sur tous les plans, se heurtent à de multiples obstacles. En premier lieu, ils vont se heurter à l'histoire du Sport français et à ceux qui ne voient dans la recherche de la performance que le rôle joués par l'argent. Ceux qui se veulent défenseurs du sport « pur », ils vont se confronter aussi aux bénévoles, aux dirigeants traditionnels qui profitent de leur position sociale pour dominer le sport amateur. Ils vont se heurter à ceux qui recherchent leurs avantages avant de rechercher l'avantage commun, l'avantage de l'association.

Le mouvement sportif ne peut subir cette métamorphose sans vouloir lutter contre ce mouvement. Il s'agit parfois simplement de lutter contre « une professionnalisation sauvage », celle qui n'aurait pas été désirée et qui découlerait seulement d'une volonté institutionnelle mais **il s'agit en fait surtout de lutter pour le maintien du pouvoir**. Un pouvoir dans les mains des dirigeants pour les clubs amateurs, dans les mains des joueurs lorsque l'amateurisme devient « marron ».

Ces obstacles là seront accompagnés de ceux inhérents à la professionnalisation. La professionnalisation sportive et organisationnelle, nous l'avons vu, passe par la salarisation des cadres techniques et une spécialisation des tâches administratives. Cette salarisation passe forcément par un développement du budget. Un développement du budget qui sera le principal obstacle à la professionnalisation étant donné les spécificités des recettes des associations de basket. Le cas spécifique des clubs franciliens donne un aspect encore plus particulier à ces difficultés. Privés de recettes guichets, à la merci d'un changement de cap politique et devant faire face à un bénévolat moins nombreux qu'en Province, les clubs d'Ile de France, doivent se rattacher à un sponsorisme peu enclin à leur réserver leurs faveurs.

Il y aura donc à travers la salarisation des clubs et la sélection du bénévolat (par rapport à des critères de qualité) un reniement des valeurs amateurs. La professionnalisation est à l'opposé de ces valeurs puisque la performance devient l'essence de la pratique. Le but n'est donc plus de (se) faire plaisir, de pratiquer un loisir mais bel et bien d'amener tous les éléments du club à aller dans le sens du progrès technique et de la rationalisation. La rentrée de l'argent dans la sphère amateur, le reniement des valeurs « Coubertiniennes », l'ambiguïté autour du bénévolat sont des obstacles et des conséquences de la professionnalisation.

Le tournant pris par l'association devra s'accompagner automatiquement d'un budget permettant au club de pouvoir s'entourer de cadres compétents et qualifiés. On a pu le voir tout au long de ces pages, les obstacles à la professionnalisation sont nombreux et cette dernière n'est pas ouverte à toutes les associations sportives.

TABLE DES MATIERES

Sommaire		**page 3**
Introduction		**page 4**
1.	**Contexte**	**page 7**
1.1	Historique du basket-ball	page 7
1.2	L'historique du basket-ball en France	page 8
1.2.1	La naissance du basket-ball en France	page 8
1.2.2	La naissance du basket-ball en Ile-de-France	page 8
1.3	L'évolution des clubs de basket-ball depuis 1985	page 10
1.3.1.	La mise en place du professionnalisme	page 10
1.3.2	L'évolution des clubs de basket-ball franciliens	page 11
2.	**Le processus de la professionnalisation d'un club de basket-ball amateur**	**page 12**
2.1.	Définitions	page 12
2.2.	Les causes de la professionnalisation	page 13
2.3.	La comparaison avec les autres sports collectifs	page 15
2.4.	Les quatre dimensions de la professionnalisation d'un club amateur	page 17
2.4.1.	La dimension sportive de la professionnalisation	page 17
2.4.2	La dimension organisationnelle de la professionnalisation	page 19
2.4.3	La dimension économico-juridique de la professionnalisation	page 22
2.4.4	La dimension institutionnelle de la professionnalisation	page 25
3.	**Les obstacles à la professionnalisation d'un club de basket-ball amateur**	**page 27**
3.1	L'éthique associative	page 27
3.1.1	Les vertus de Pierre de Coubertin	page 27
3.1.2	La fin du bénévolat	page 29
3.1.3	Les dirigeants traditionnels	page 30
3.2	L'amateurisme « marron »	page 32
3.3	Le rôle majeur des subventions et des collectivités territoriales	page 33
3.4	Les obstacles spécifiques aux associations sportives franciliennes	page 35
3.4.1	Les recettes guichets en Ile-de-France	page 35
3.4.2	Le sponsorisme en Ile-de-France	page 37
3.4.3	Le bénévolat en Ile-de-France	page 39
Conclusion		**page 40**
Table des matières		**page 42**
Bibliographie		**page 43**

Bibliographie
- ARCHAMBAULT Fabien, ARTIAGE Loïc et BOSC Gérard, *Double jeu : Histoire du Basket-ball entre France et Amériques*, Paris, Vuibert, 2007.
- AUGUSTIN Jean-Pierre, *Le sport et ses métiers : nouvelles pratiques et enjeux d'une professionnalisation*, Paris, la Découverte, 2003.
- BARBUSSE Béatrice, *Le management des professionnels du sport : le cas d'un club de handball*, SPORT n°168-169, pages 107-123, 2006.
- BAYLE Emmanuel, *Facteurs clés de la performance des fédérations sportives nationales : bilans et perspectives*. Revue européenne de management du sport, n°3, pages 69-99, 2001.
- BAYLE Emmanuel, *La dynamique du processus de professionnalisation des sports collectifs : les cas du football, du basket-ball et du rugby*, STAPS n°52, pages 33-60, 2000.
- BERNARDEAU MOREAU Denis, *Sociologie des fédérations sportives : la professionnalisation des dirigeants bénévoles*, L'Harmattan, Paris, 2004.
- BOURG Jean-François, *Financement des clubs sportifs et stratégies des collectivités*, Voiron, Edition de « La Lettre du cadre territorial », 1999.
- CHANTELAT Pascal, *La professionnalisation des organisations sportives : nouveaux enjeux, nouveaux débats*, Paris, L'Harmattan, 2001.
- CHANTELAT Pascal, *Les stratégies identitaires des dirigeants d'associations sportives : apports et limites d'un concept*, Paris, L'Harmattan, 2001.
- CHAVINIER Sabine, *Introduction et diffusion du basket-ball en France*, Vuibert, 2007.
- CHAZAUD Pierre, *Emploi sportif et formes de gestion des clubs amateurs*, Paris, L'Harmattan, 2001.
- DUBAR C & TRIPIER P., *Sociologie des professions*, Paris, Armand Colin, 1998.
- FAURE Jean-Marie & SUAUD Christophe., *Un professionnalisme inachevé. Deux états du champ du football professionnel en France*. Actes de la recherche en sciences sociales, n°103, pages 7-26, 2000.
- IAURIF, *Population – modes de vie*, NOTE RAPIDE n°375, Paris, 2005.
- INSEE, *Ile-de-France à la page : Les franciliens sont aussi sportifs que les provinciaux et fréquentent davantage les équipements culturels*, Ile-de-France, INSEE, 2004.
- LÊ-GERMAIN Elisabeth, *Le Football et sa professionnalisation tardive à Lyon : de la confidentialité à la notoriété (1918-1964)*, STAPS n°68, pages 7-23, 2005.
- LOIRAND Gildas, *Le bénévolat sportif : les ambiguïtés d'un engagement*, Paris, L'Harmattan, 2000.
- POUSSE Michel, *Rugby : Les enjeux de la métamorphose*, Paris, L'Harmattan, 2001.
- ROBERT Sylvain, Amateurs et professionnels dans le basket français (1944-1975) : Querelles de définition, GENESES n°36, pages 69-91, 1999.
- STUMPP Sébastien et GASPARINI William, *Les conditions sociales d'émergence du volley-ball professionnel. De l'espace nation au club local (1970-1987)*, STAPS n°63, pages 123-138, 2003.
- THEVENET Maurice, *Tous professionnels !*, REVUE FRANCAISE DE GESTION n°168, pages 15-34, 2006.
- TRIBOU Gary, *Management du sport : marketing et gestion des clubs sportifs*, Paris, Dunod, 2006.

Sources Internet
- www.FIBA.com, le site de la Fédération Internationale de Basket-ball.

Oui, je veux morebooks!

i want morebooks!

Buy your books fast and straightforward online - at one of world's fastest growing online book stores! Environmentally sound due to Print-on-Demand technologies.

Buy your books online at
www.get-morebooks.com

Achetez vos livres en ligne, vite et bien, sur l'une des librairies en ligne les plus performantes au monde!
En protégeant nos ressources et notre environnement grâce à l'impression à la demande.

La librairie en ligne pour acheter plus vite
www.morebooks.fr

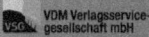

VDM Verlagsservicegesellschaft mbH
Heinrich-Böcking-Str. 6-8   Telefon: +49 681 3720 174   info@vdm-vsg.de
D - 66121 Saarbrücken   Telefax: +49 681 3720 1749 www.vdm-vsg.de

www.ingramcontent.com/pod-product-compliance
Lightning Source LLC
Chambersburg PA
CBHW020059020526
44112CB00031B/502